数字にだまされない本

深沢真太郎

nbb
日経ビジネス人文庫

はじめに◎数字との上手なつき合い方を学ぶ旅

本書を手に取ったあなたはもしかしたら、日頃から「数字」に苦手意識を持っていたり、何かしらネガティブな印象を持っていたりするかもしれません。その理由の代表的なものが、「数字にだまされる」ではないでしょうか。

私たちは新聞やネットニュースをはじめ、日常のさまざまな場面で数字を目にします。その数字自体を〝読む〟ことはもちろんできます。

でも、**その数字の〝意味づけ〟を間違えてしまうことがよくある**のです。

たとえば、ある作家の経歴に「著書累計100万部」と記載されていたとします。

この100万部という数字が意味するものはいったい何でしょうか？

売れた部数なのか市場に出た部数なのか？
国内だけか海外も含むのか？
紙の本だけなのか電子書籍も含むのか？
1冊だけで100万部なのか100冊で100万部なのか？

実際は、これまで延べ100冊を出版した作家で、電子書籍のダウンロード数と海外での出版も含めて市場に出た部数の合計が100万部であると定義していたのに、一方のあなたはたった1冊が国内で100万部も売れたと思い込んでいたら……。とんでもない思い違いをしていることになります。

これは笑い話で済むケースかもしれませんが、もしあなたが仕事や人生における重要な意思決定の場面においてこれと似た「とんでもない思い違い」をしてしまったら、とても笑えませんよね。

著者の深沢真太郎です。

日本でただひとり、ビジネス数学教育家として活動する人材育成の専門家です。専門分野はビジネス数学。簡単に申し上げると「数字に強い人材・組織を作る教育」のことです。まだまだ新しいテーマであり、それを広めることを使命としています。

デジタル技術が浸透した現代では、数字をうまく扱えることが必須のスキルになりました。デジタル技術を使うことで私たちはさまざまなものを記録できるようになったからです。それはつまり、**これまでは不可能だったものもデータとして手に入る**ことに他なりません。

たとえば、そのことはプロスポーツの世界でも顕著です。サッカーではボールポゼッション（保有率）が数字で把握でき、選手ごとに試合中に走った距離や出したパスの本数なども記録されるようになりました。サッカーのJリーグが開幕したのは私が高校生だった30年前ですが、その当時には考えられないことです。

このように今、私たちの周囲は数字で溢れ、当然、数字を読む機会も増えました。しかし、そこで私たちの前に大きな問題が立ちはだかります。「数字にだまされる」「数字にごまかされる」という問題です。

なぜだまされるのか？　なぜごまかされてしまうのか？

それは、「数字を正しく読む技術」を持っていないからです。その技術とは、究極的には次の2つしかありません。

①数字そのものを読む技術

②数字を示す人の心理を読む技術

この2つの技術をお教えするのが本書です。

数字にだまされなくなることで、間違いや失敗が激減していきます。

だまされるということは、間違えるということです。それは社会を正しく眺めることができなかったり、仕事の大事な場面で判断や意思決定を誤ったりすることを意味します。

一般論ですが、間違うことはマイナスでしかありません。上司や同僚、部下の前で恥ずかしい思いをしたり、時間やお金などのロスを生んだり……。結果として自分の評価を下げるからです。

裏を返せば、**数字にだまされない人になることで、仕事の評価が上がったり、「この人ちょっとアタマよさそうだな」と思われたりする**わけです。悪くありませんよね。

最後に、大切なメッセージがあります。

本書のゴールは「数字にだまされない人」になるのではなく、最終的には「数字でだまさない人」「数字を使ってごまかさない人」になることです。

あなたに詐欺を持ちかけてきた人がいたとします。あなたは鋭い洞察力でその人物のウソを見抜き、だまされずに済みました。そのとき、あなたは「うれしい」や「ワクワク」といった感情になるでしょうか。ならないはずです。むしろ詐欺を持ちかけてきた相手に強い不信感を持つでしょう。**だます人、ごまかす人は信用を失うのです。**

ビジネスにおいては「信用」がとても大切です。信用のない会社とは取引しませんし、信用のない人間には誰も協力してくれません。

ならばビジネスパーソンはやはり、「だます。ごまかす」（あるいは「だました。ごまかした」と思われるような）行為は絶対にしないようにしたいものです。

私は数字にだまされない人生を推奨するのではなく、人からの信用を失わない人生をあなたに推奨したい。そう思っています。

そろそろ本編へ向かいましょう。

数字に苦手意識がある方でもご心配なく。事例やエクササイズも交え、楽しく読めるように工夫しました。

数字とのうまいつき合い方を学ぶ旅。ぜひ最後までお楽しみください。

2022年9月

深沢真太郎

数字にだまされない本　目次

第1章 数字を正しく読む技術［基礎編］

第2章

数字を正しく読む技術［実践編］

第3章 数字の裏にある「人の心理」を読み解く

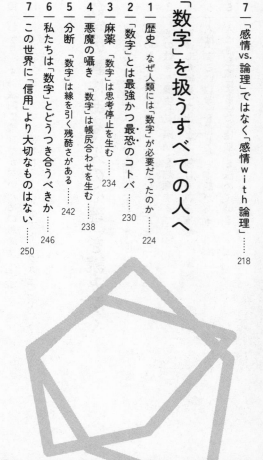

第4章 「数字」を扱うすべての人へ

校正◎内田 翔

第1章

数字を正しく読む技術
［基礎編］

1 そもそも、「数字にだまされる」とはどういうことか

ここから私たちが数字にだまされる事例をたくさん紹介していきますが、その前に「数字にだまされる」「数字にごまかされる」ことについて簡単に整理してみましょう。

そもそも、数字とはなんでしょう。

きわめてシンプルな問いですが、意外と人によって答えが違うものです。「数えた結果」とか「非常に客観的なもの」といった答えが一般的でしょうか。

私は、**数字とは「コトバ」である**と定義しています。

ここでの「コトバ」とは、皆さんが認識している、コミュニケーションでごく普通に使われる言葉のことです。たとえば、経済指標やビジネスに関するデータはまさにコト

バで、それは発した側と受け取る側とのコミュニケーションを生んでいると考えることができます。発した側と受け取る側をAとBと表記して話を進めます。

A　コトバを発した側（数字を見せる側）

B　コトバを受け取る側（数字を読む側）

Aには「だまそうとしている」と「だまそうとしていない」の2種類があると考えられます。作為的な数字を使い相手のミスリードを期待するのが前者であり、そんなつもりはまったくないのが後者です。一方、Bはその数字を見ることで「だまされない」と「だまされる」という2種類の結果に分かれます。

これを2×2の表で表現すると、図1-1のように4つのパターンがあることがわかります。

ここで重要なのは、Bがある数字を読もうとするとき、相手のAがだまそうとしてい

図1−1　数字を見せる側と読む側の関係

		A 数字を見せる側	
		だまそうとしている	だまそうとしていない
B 数字を読む側	だまされない	本書で目指すもの	普通のこと
	だまされる	困る	もっと困る

るのかしていないのかはわからないということです。だからどちらにせよBは「だまされる」→「だまされない」になればよいということになります。

たとえば本書の「はじめに」で私は書籍の例を挙げました。あなたが「著書累計100万部」という数字を見たとして、その数字を示した側がだまそうとしているのかしていないのかを判別する術はありません。大事なのは、あなたがその数字の意味を正しく読み取ること。それだけです。

相手がだまそうとしているかどうかは問題ではなく、あなたがその数字にだまされないかどうかが問題なのです。

「だますほうが悪い」は正論ですが、それではいつまで経っても数字を見たときに「だまされるかもしれない」と思い続ける人生から抜け出せません。それは少しばかりもったいないように思います。

数字にだまされるとは、相手の問題ではなくあなたの問題。**どんな場面でもだまされないような数字の読み方をあなたが身につければ、この厄介な問題は解決するのです。**

お待たせしました。次項から私たちが数字にだまされる事例をたくさんご紹介していくことにします。

POINT

「相手がだまそうとするのが悪い」ではなく、「自分が数字を正しく読み取ればよい」と考えることが最初の一歩

2 「顧客満足度90％」はちっともスゴくない

「当社の製品は、顧客満足度がなんと90％！」

テレビＣＭや街中の広告でこんなフレーズをよく目にします。たくさんの人に支持されている商品だなと感じる方も多いでしょう。

しかし、これは本当にそう評価すべき内容なのでしょうか。私であれば「これだけでは良いとも悪いとも評価できない」と意味づけします。

なぜなら、**もとの数をどう定義したかが明らかではない**からです。

基本的な話から始めましょう。この「90％」とは割合と呼ばれる数字です。たとえば100人のうち男性が90人ならば「男性の割合が90％」と表現するものであり、この100人を「もとの数」と表現します。

ここで問題になるのは、もとの数が10人で、うち9人が男性でも同じように「男性の割合が90％」と表現できることです。

顧客満足度の話に戻しましょう。あの「当社の製品は、顧客満足度がなんと90％！」というフレーズだけでは、もとの数がいくつなのかがわかりません。

10人のうち9人？

100人のうち90人？

1億人のうち9000万人？

10人のうち9人なのか、1億人のうち9000万人なのか、それによって90％という数字の意味が変わってきます。前者であれば「たまたまじゃないの？」という指摘もできますが、後者はそうはいかないでしょう。1億人とは日本の人口に近い人数ですから、「確かに多くの人が満足している製品」と意味づけてもいいのではないでしょうか。

また、違った視点からこの90%という数字にツッコミを入れることも可能です。

たとえば次の2つの場合を考えてみましょう。

A　超優良顧客（たとえば年間利用額の上位10人）にアンケートをとった結果

B　一度でも利用経験のある顧客からランダムに10人選び、アンケートをとった結果

Aの場合、「顧客満足度90%」はある意味で当たり前の結果といえます。むしろ100%でないことのほうが問題かもしれません。

ここでの「顧客満足度90%」という結果はポジティブなものというよりはネガティブな意味づけをすべきものになるでしょう。満足と答えなかった1名の理由を把握することはとても大切な仕事になります。

一方、Bの場合はアンケートの対象者に偏りがありません。そういう意味でこちらのほうが顧客満足度の信憑性が高くなり、評価もポジティブなものになるでしょう。

このように、「90%」という数字それ自体はひとつのことを表現していますが、その

図1−2　数字は同じでも、意味はまったく違う

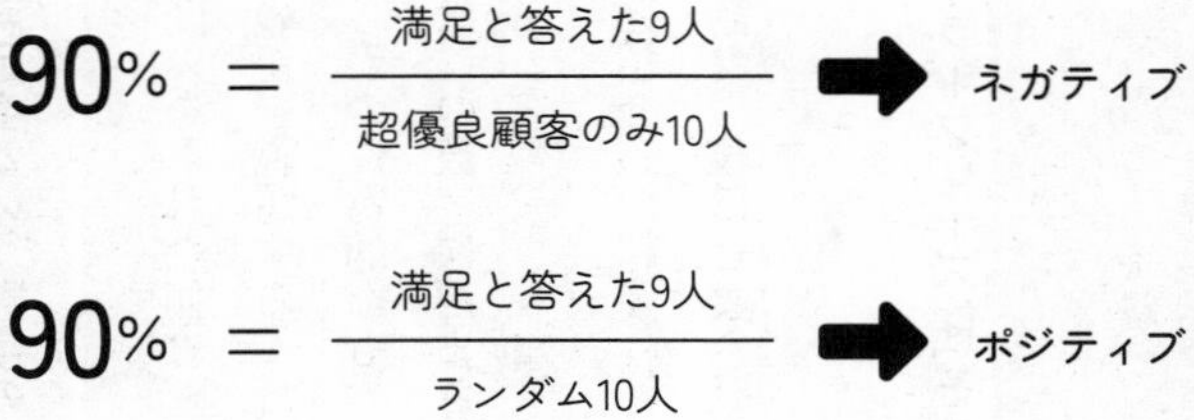

意味は無限に存在します。正しい意味づけをするために、「%」という数字を見たときには、もとの数を明らかにすることが必要です。

そういう意味で、私はテレビCMや街中で目にする「当社の製品は、顧客満足度がなんと90%!」といった広告表現は（制作者の方には申し訳ないのですが）、ほぼ信じていません。

決してウソをついているとかだまそうとしているとか申し上げているのではありません。**その数字だけでは評価しようがありません、ということです。**

あなたがこれから実際に「当社の製品は、顧客満足度がなんと90%!」といった説明を受ける場面があったら、迷わず次の指摘をすることをおすすめします。

「その満足度という数字の定義を教えてください」

この問いをされた側は、どんな人に、何人に対して調査をし、どんな手法で測定した数字なのかを説明することになるので、数字の正体を明らかにせざるを得ません。数字がなんらかの作為的なものであったとしても、ここで正しく情報を引き出し評価すればあなたはこの数字にだまされることはありません。

先ほど紹介した超優良顧客（たとえば年間利用額の上位10名）にアンケートをとった結果の話は、後ほどまた登場することになります。ぜひ覚えておいてください。

POINT

キラーフレーズは「その数字の定義を教えてください」

3 「効果を実感した人が10%増えた!」は正しいけれど誤り

「このサプリを試してもらったところ、効果を実感した人が10%増えました!」

これもまた、テレビCMや街中でよく目にする広告です。「じゃあ、ちょっと試してみようか」と思う方もいるでしょう。

しかし私であればこの情報だけでサプリを試してみる気分にはなれません。

理由は前項でお伝えした通り、「%」という数字を見たときには注意すべきことがあるからです。そこで次の例を考えてみましょう。

ある健康食品会社が顧客の協力のもとサンプリング企画を実施するとします。サプリAを愛用している100人のうち10人が効果を実感していますが、その100人にサプリBを試してもらうことになりました。冒頭の表現を再び登場させましょう。

「このサプリを試してもらったところ、効果を実感した人が10％増えました！」

ここで問題です。サプリBを試してみた結果、効果を実感したと答えた人は何人でしょうか。とても簡単な問題に見えますが、私がこれまで経験した限り、実はビジネスパーソンからの回答として2種類あります。

回答1　10％→20％となったので20人
回答2　もともと効果を実感していたのが10人であり、その10％増加だから11人

回答1は10％増えたという表現を「10％から20％に増えた」と解釈した場合、つまり10人増えたという理解です。確かに、10％増えたという意味では、こう解釈するのも間違いとは言い切れません。一方の回答2はサプリAに効果ありと答えた10人を基準にし、その10％が増えたと解釈した場合、つまり増えた人数はひとりという理解です。この解釈も間違いとは言い切れません。

ここで申し上げたいのは、このようにひとつの数字に複数の解釈が生じてしまうケースでこそ、まさに「だまされる」が起こるということです。

サプリBの効果をアピールしたい側になって考えてみましょう。

実際はひとりしか増えなかったとして、「ひとり増えました！」ではアピールにならないと考えるのは自然なことです。サプリBの効果をできるだけ魅力的に表現したいとするなら、「10％増えました！」という表現を選択するかもしれません。

一方で、プレゼンテーションを見聞きする側が回答1の解釈をしてしまったら、実際はひとりしか増えていないにもかかわらず、10人も増えたと認識します。

正しいけれど誤り、まさに数字にだまされた状態です。

「効果が2倍になりました！」といった表現もこれに近いものです。直感的に「それはすごい！」と思いがちですが、割合（％）の原理と同じように読み解く必要があります。

どのような人に調査したのか

偏りを疑う必要はあるか

何人のうち何人が「効果あり」としたのか

2倍（増加）の定義は何か

このように読み解いていくことで、実はきわめて特殊な人たちに行った作為的な調査において、「効果あり」と答えた人がたったひとりしか増えなかった結果を「効果が2倍」と表現している可能性もあると指摘できるでしょう。

割合（%）という数字は直感的にイメージしにくい曲者です。

たとえば「40人から60人増えました」はもちろん100人で、間違いようはありません。

ところが、全社員に対する女性従業員の割合がそれぞれ40%と60%の2社が合併した

図1−3 割合（%）は曲者

	X社	Y社	合併後
女性従業員数	400	1200	1600
全従業員数	1000	2000	3000
	40.0%	60.0%	53.3%

ときの全社員に対する女性従業員の割合は100％とはならないはずです。ちなみに答えを直感的に50％と考えてしまう方も多いようですが、そうとも限りません。

一例が図1−3です。40％と60％という2つの数字から、53・3％という数字の可能性を想像しなければならない。これが割合（％）という数字の難しさです。

一般的に回答1のような場合は「10％増加した」ではなく「割合が10ポイント増加した」と表現します。**割合の増加をポイントの増加と表現することにより、先ほどのようなミスコミュニケーションを避けます。** 仕事の場面で10％が20％まで増えたことを表現する際は、「ポイント」を使うことをおすすめします。

繰り返しですが、割合（％）は曲者であり細心の注意を払う必要があります。一方で、割合（％）とは小学校で学ぶきわめて基本的な数字でもあります。だまされるポイントはそう多くありません。ここで紹介したことを徹底することで数字にだまされることを回避できるはずです。

POINT

「○％増加」と「割合が○ポイント増加」を使い分ける

4 「5秒に1個売れている」の裏側を読み解く

「5秒に1個、売れています！」

あるショッピングモールで買い物をしていたとき、こんなキャッチコピーが書かれたポスターを遠目に見つけました。そこは主に女性向けの化粧品が並んでいるショップ。ポスターが掲示されている前にはその商品が大展開されていました。

ここで問題です。私はこのコピーを見た瞬間、すぐにポスターに近づき、あるものを探し始めました。さて、いったいそれは何でしょう。

あなたも化粧品やサプリの広告などでこのような数字を使ったコピーを見た（聞いた）ことがあるでしょう。「めっちゃ売れている」「爆速で売れている」では具体的にどれくらいなのか伝わりませんから、「5秒に1個売れている！」というコピーはビジネス的にはきわめて効果的な表現といえます。ただ、正直「本当にそうかなあ?」とも思う表現ですよね。

あなたはこの数字をどのような視点で疑いますか。ぜひ想像してみてください。私の答えは後ほどご紹介します。

ひとつ大事なことをお伝えします。よほどモラルの欠如した組織・人でなければ、ビジネスにおいて「虚偽」の数字を使うことはありません。ウソだとしたらいずれ大問題になり、その企業(ブランド)にとってリスクでしかありません。

おそらくここでの「5秒に1個売れている!」も、ウソをついているわけではないでしょう。では、いったい何を疑うのか。**その数字の定義や前提です。**

先ほどのポスターですが、私はコピーを見た瞬間、ポスターに近づきあるものを探しました。「5秒に1個」の定義あるいは前提です。

実はこのポスターのいちばん下に、小さな文字でこんなことが書かれていました。

※全世界を対象としています
※1日を10時間として計算しています

私はポスターを見た瞬間、（勝手に）国内でそれだけたくさん売れているのだと思い込んでいました。しかし、実際は全世界を対象としている。そもそもの前提が違いました。

さらに私は（勝手に）1日を24時間として計算していると思い込んでいました。なぜ1日を10時間と定義して計算しているのか。たとえばショップの営業時間が平均10時間だから？　しかし今はオンラインでも買える時代で、24時間購入できると考えるほうが自然です。いずれにせよ、なぜ1日を10時間と定義するのか、本当の理由はここではわかりません。

しかし、このメッセージを発する側は決して「ウソ」をついているわけではありません。彼らが定義した内容に基づき、正しい情報を発しています。

だから数字を疑うときは、その数字の定義や前提を疑うのが正解なのです。

あなたが今後なんらかの数字にだまされるとしたら、それは次の2つのパターンが考えられます。

①その数字自体がウソである場合

②その数字の定義や前提があなたの認識と違う場合

前述したように、普通であれば①は考えにくいでしょう。それでも強いて疑い方があるとするなら、その数字の出所が信頼できるものかどうかを確認することです。たとえば個人のブログで書かれていた程度の情報なのか、公的な調査機関がレポートとして発表した情報なのか、確認すればいいのです。

よってあなたが気をつけるべきは②です。そして、「虚偽」がきわめて大きなリスクを伴うビジネスシーンにおいては、数字の定義や前提は必ずどこかで説明をされているはずです。ポスターのいちばん下に小さく書いてあったり……。

「定義や前提がわからない数字は信じない」とルール化しておくだけで、あなたが数字にだまされる可能性は激減します。

具体的には**注釈や断り書きを必ず確認すること。**

それが難しい場面であれば、2項で紹介したキラーフレーズ「その数字の定義を教えてください」を伝えてみてください。あなたのイメージしていたこととまったく違う事実を表現している数字かもしれません。

最後に思い出していただきたいことがあります。数字とはコトバだという考え方です。

これはすなわち、あなたが数字を読むときにしている行為の本質は、その数字を発した相手とのコミュニケーションであるということです。

一般的に、前提や言葉の定義が一致していない相手とは意思疎通が難しいものです。

ディスカッションをしたい人と、説明をじっくり聞きたい人がいたとします。当然、2人の対話は噛み合いません。コミュニケーションにおける前提が一致していないからです。

あるいは、「メンタルが強い」イコール「打たれ強い」と定義している人と、「なんでも継続できる」と定義している人では議論が噛み合わないでしょう。言葉の定義を一致させることからスタートする必要があります。

これらと同じように、数字の定義や前提がわからない（あるいは一致していない）場面でのコミュニケーションには必ずエラーが生じます。

数字を目にしたとき、「だまされないようにしよう」「疑ってやろう」と思うのではなく、「コミュニケーションを始めよう」と思ってみてください。**数字を読むということは相手と数字を介してコミュニケーションをすることだと定義するのです。**すると自然にコトバの定義や前提に敏感になり、結果としてだまされる機会が激減していきます。

POINT

数字を見るときは「コミュニケーションを始める」と考えよう

5 「広さは東京ドーム5個分です」はこう疑え

「広さは東京ドーム5個分です」

よく耳にする表現ですが、「へえ、そんなに広いんだ」と納得するのはちょっと待ってください。これこそ、だまされやすい典型的な表現だからです。

唐突ですが、問題です。あなたが仕事や日常生活で扱う数字の「隣」にあるものはなんでしょうか？

質問の意味がわからない、と戸惑った方もいるかもしれません。**正解は「単位」です。**

100m（距離）

2000mg（重さ）

50人（人数）
9・8秒（時間）
3億8000万円（金額）
80㎞／h（速さ）
10ha（面積：ヘクタール）
1hPa（圧力：ヘクトパスカル）
1ct（質量：カラット）
600kgf／㎡（床耐荷重）
40A（電流：アンペア）
30℃（温度）
10Hz（周波数：ヘルツ）……

私たちが日常で扱う数字の隣には必ず単位があります。あまりにも当たり前すぎて、無自覚な方が多いかもしれませんが、「数字にだまされない」という観点ではとても重要なことです。

なぜなら、**数字を読むということは数字と単位をセットにして読むということ**だからです。

先ほどの「広さは東京ドーム５個分です」は、東京ドームの広さが単位です。表記をＴとするならば、次のように表記できます。

広さが東京ドーム５個分＝５Ｔ

数字の隣に単位がある状態ですが、ここで問題になるのは、このＴという単位は世界共通なのか、誰もが同じモノサシとして認識しているのかという視点です。

そもそも東京ドームの広さとは、具体的にどこの広さのことを指すのでしょう。グラウンドの広さなのか、観客席のエリアも含めているのか、あるいは屋外の通路やエントランスなどもすべて含めたものなのでしょうか。

この定義が人によって違っていたら、5Tという広さはまったく違うものとして認識されることになります。

東京ドームの公式ページには、建築面積4万6755㎡という数字が記載されています。つまり、東京ドーム5個分の広さとは、次の計算式で求めることができます。

広さが東京ドーム5個分＝5T＝5×4万6755㎡＝23万3775㎡

「㎡」は世界中の誰もが同じモノサシとして認識しているものです。この単位であれば、だまされることは100%ありません。定義が曖昧な単位、世界中の誰もが同じモノサシとして認識できない単位が使われているときは要注意ということです。

これと似ているのが「レモン○個分のビタミンC」という表現です。

「レモンの種類や大きさによって違うのでは？」

「レモン1個分のビタミンCが具体的に定義できていないと使えないのでは?」

こうした〝意地悪な視点〟は、数字にだまされない人になるためにはとても重要になります。

清涼飲料の業界では、レモン1個分のビタミンCは20mgと定義しているそうです。

確かに「60mg」と表現するよりは「レモン3個分」と表現したほうが、「たくさん入っている感じ」がしますし、そのような表現が頻繁に使われることも納得です。

しかし、「清涼飲料水でたくさんビタミンCをとった気分になっていたのに実は思ったより少ない量だったことにガッカリした」という方がいたとしたら、数字にだまされたことになります。いいえ、**単位にだまされた**というべきかもしれません。

ここまで読んでくださったあなたなら、この話の本質は前項と同じだと気づいてくださるでしょう。前項で私はこのように説明しています。

あなたが今後なんらかの数字にだまされるとしたら、それは次の2つのパターンが考えられます。

①その数字自体がウソである場合
②その数字の定義や前提があなたの認識と違う場合

この文章の「数字」という言葉を「単位」に変えてみてください。本項でお伝えしたことに他なりません。私が定義の重要性を強調する理由がおわかりいただけるのではないでしょうか。

POINT

世界共通のモノサシでない単位はその定義を確認しよう

6 「平均値にだまされるな！」のもっともシンプルな解説

「当社の平均年齢は40歳です」

この1行を読んだ瞬間に、この会社には40歳の人（あるいはアラフォーの人）がいると思った方は要注意です。平均値にだまされているかもしれません。

そもそも、平均とはなんでしょうか。

私は企業研修の中で、参加者にこの質問をすることがあります。小学生ならまだしも、ビジネスパーソンに「平均とは何か？」と尋ねるなんて、失礼な講師だと思う方がいるかもしれません。でも私は真剣に、この問いを投げかけています。

多くの方の答えは次のようなものです。

「データを全部足し算して、その個数で割り算したもの」

しかし、これは平均値の求め方であって、平均とは何かを説明していることにはなりません。そこで再び研修の参加者に「計算方法ではなく、平均の意味を説明してみてください」と尋ねると、ほとんどの方がこのように答えます。

「真ん中あたりのデータのこと」

おっしゃりたいことや描いているイメージはよくわかります。ただ、平均の意味が「真ん中」であれば、中央値と呼ぶほうが正しいのではないでしょうか。

なぜ私たちは実際には「平均値」という名称を使うのか。その理由を説明しましょう。

平均とは文字通り「平らに均《なら》した」という意味です。体操競技の平均台を想像してみてください。平らに均した台だから平均台なのです。具体例で考えてみましょう。

図1－4　平均とは凹凸を平らに均した値

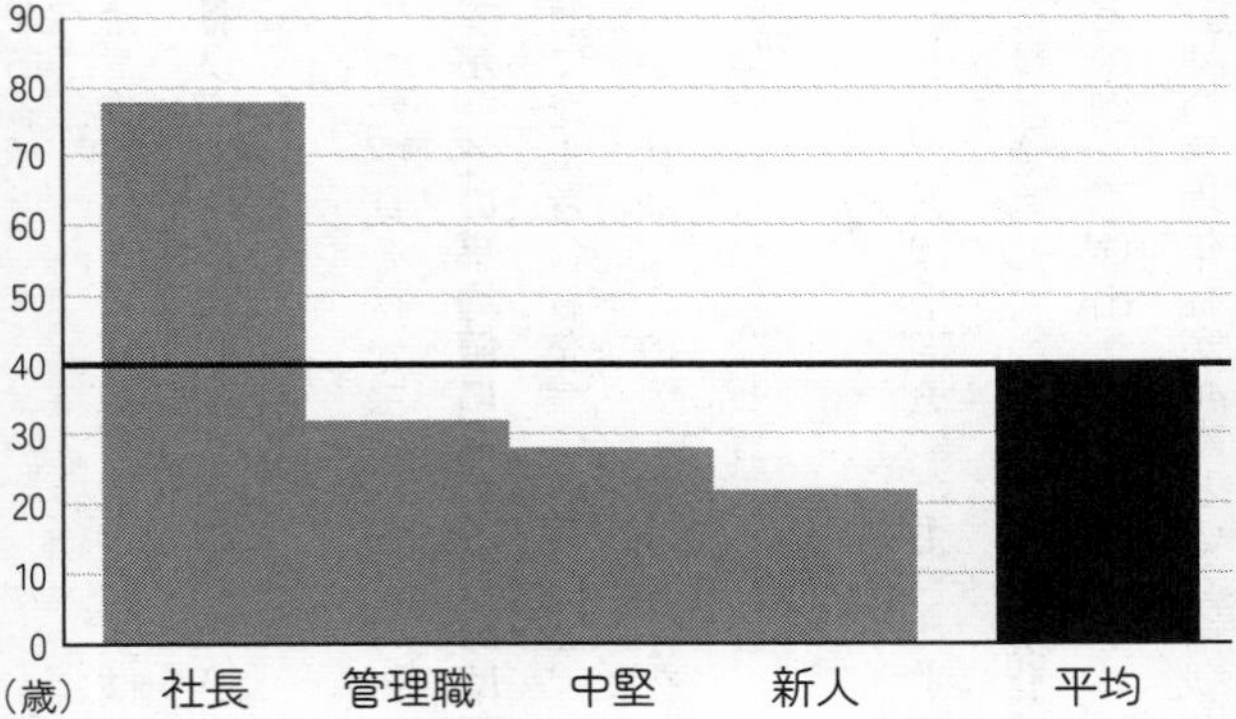

従業員4人の会社があるとします。メンバーと年齢は社長（78歳）、管理職（32歳）、中堅社員（28歳）、新人社員（22歳）です。

4人の平均年齢は40歳になりますが、これは4つの数字の凹凸を平らに均した値に他なりません。

そして大事なことは、この会社に40歳の人（あるいはアラフォーの人）はいないという事実です。この事実が教えてくれることはひとつです。

平均年齢。実際はその年齢の人はいない可能性がある。

平均年収。実際はその収入の人はいない

可能性がある。

平均点。実際はその点数を取った人はいない可能性がある。

平均購入価格。実際はその金額で購入したお客様はいない可能性がある。

こういった感覚を持ったほうがよいということです。**平均値そのものは数字として存在しますが、その平均値にあたるものは存在しないかもしれません。**

「平均値にだまされるな」については、いろいろな方がさまざまな角度から解説しています。しかし私は、このテーマは「存在しない可能性があるものをあるかのように論じるのは危険だから」のひと言で終わるシンプルな話だと思っています。

では、どうすれば平均値にだまされずに済むのでしょう。その答えはすでに本項で示しています。きわめてシンプル。**視覚化すればいいのです。**

先ほどの例を思い出しましょう。

ある会社の平均年齢が40歳という情報があったとき、その情報だけで物事を決めつけず、具体的な数字を確かめ、それをグラフにすれば、どの年齢が存在しどの年齢が存在しないか、すべて明らかになります。すべて明らかになるのですから、だまされることは100%ありません。

平均値というたったひとつの数字で判断しようとするからだまされてしまいます。しかしこれは、すべてを明らかにするだけで解決する問題なのです。

そうはいっても、現実問題としては、すべてを明らかにすることが難しい場面もたくさんあります。

たとえばメディアで紹介される「平均◯◯」といった数字は、その数字だけが紹介され、すべてのデータを見せることはもちろん、分布が明らかになるグラフを見せることもほぼありません。

そういう意味で、私は「平均◯◯」といった数字だけでは何もわからないし、何も評価できないと考えるようにしています。

それによって、実態を正しく把握することはできなくても、数字にだまされるという悲劇だけは避けられます。

裏を返せば、あなたがビジネスシーンにおいて「平均〇〇」という数字を使ってコミュニケーションを図るときは、その数字だけではなくデータの分布などがはっきりわかるグラフなども添えてあげることをおすすめします。「ひょっとしてコイツは平均値を使ってごまかそうとしているのか?」なんて思われたら損ですからね。

POINT

平均値は存在するけれど、その数字が示すものの存在は疑う

7 平均値にだまされないための2つの質問

平均値の話を続けましょう。

だまされないコツは、グラフにしてしまうなどすべてのデータが明らかになる状態にすること。これが基本でした。しかし、現実はそれが難しい場合のほうが圧倒的に多いはずです。

そこで、データ全体をグラフにしなくても**「なんとなくどんな姿をしているか想像がつく方法」**をご紹介します。とても簡単で、今日からすぐにできるテクニックです。

あなたが転職活動中とします。希望する転職先の担当者から、「ウチの従業員の平均年収は600万円とまあまあ高めですよ」という説明があったとしましょう。この「まあまあ高め」という説明をあなたは疑いますよね。

このような場面では次の2つの質問をしてみてください。

Q1「ちなみに中央値はいくらなのでしょうか?」

Q2「最大値と最小値はいくらでしょうか?」

中央値というのは全データを大きい（小さい）順で並べたときにちょうど中央にある数字のことです。最大値（最小値）は文字通り全データの中でもっとも大きい（小さい）数字のことです。

この質問の意味を理解していただくために、簡単なクイズを出しましょう。

A：〔○、△、□、◇、☆〕、B：〔●、▲、■、◆、★〕という2種類のデータがあります。それぞれの記号はある数字を意味しますが、実は私はこの5つの数字を具体的に設定しています。今からヒントを出しますので、AとBでそれぞれどんな数字なのかを想像してみてください。

Aの中央値は9であり、最大値は1800、最小値は1となります。ちなみに平均値は365です。Bの中央値は360であり、最大値は430、最小値は305となります。ちなみに平均値は365です。

さて、あなたはAとBにそれぞれどんな数字が並んでいることを想像するでしょうか。

A：中央値が9、平均値が365

中央値と平均値はあまりにかけ離れており、平均値がいわゆる真ん中あたりの数字という解釈には違和感があります。Aの中にはだいぶ大きな数字が存在し、それが平均値を大きくさせていることが容易に想像できます。

B：中央値が360、平均値が365

逆にこちらは平均値と中央値が近い数字であり、この平均値はいわゆる真ん中あたりの数字というイメージを持っても差し支えないでしょう。

中央値がわかれば平均値との差が明らかになり、その数字がいわゆる真ん中あたりの数字と理解していいのかが推測できるのです。

さらに、最大値（最小値）まで明らかにできれば、その推測はより確かなものになります。

A：最大値は1800、最小値は1

予想通り1800というかなり大きな数字があるために、平均値がだいぶ大きいものになってしまっていると考えられます。

B：最大値は430、最小値は305

この2つの数字から、Bというデータは大きさが近い数字で構成されていると容易に想像できます。平均値はいわゆる真ん中あたりの数字であり、Bの規模や分布を表す代

図1－5　クイズのAとBを棒グラフで示すと

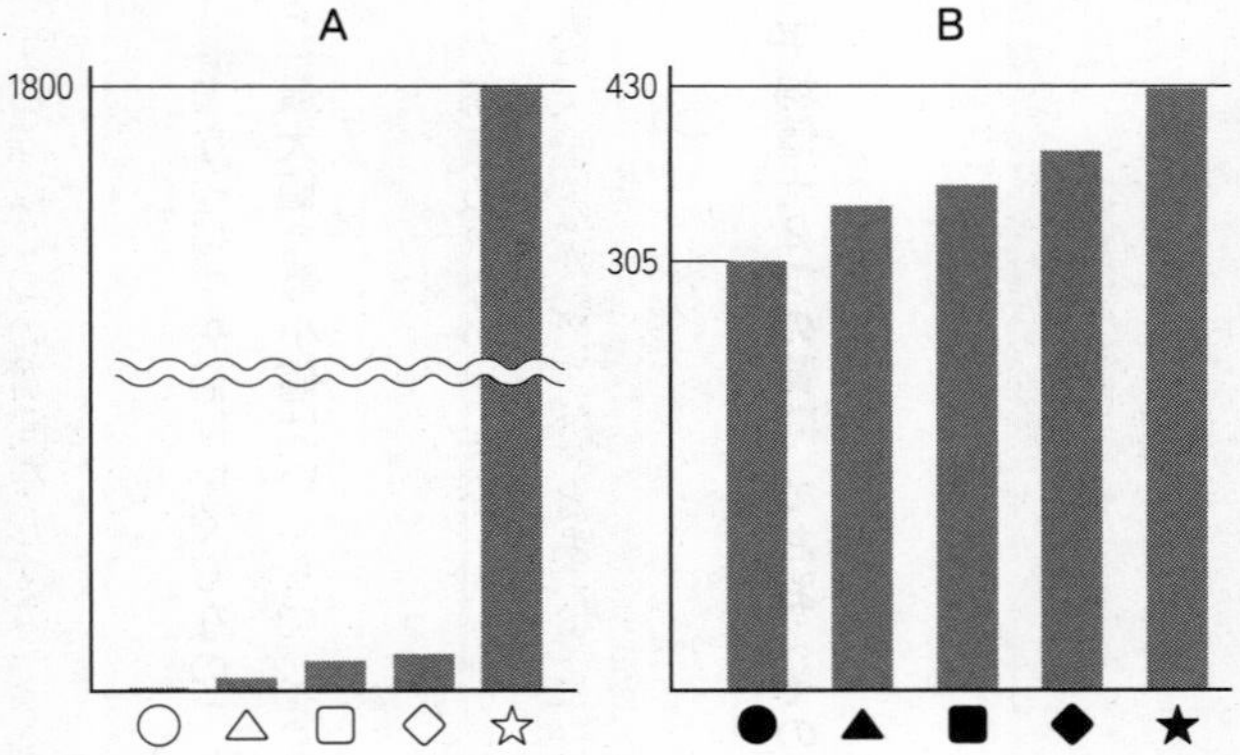

表的な数字といっていいでしょう。

　では最後にAとBをそれぞれ棒グラフにしたときの姿を想像してみてください。おそらく図1－5とほぼ一致したものになっているはずです（※ちなみに私が実際に設定したデータはA：｛1、4、9、11、1800｝、B：｛305、345、360、385、430｝でした）。

　このように、中央値や最大値（最小値）さえわかれば、おおよそのデータの姿を捉えることはできるのです。

　あなたがビジネスパーソンなら、平均値だけで物事を論じている人とコミュニケーションする際は2つの質問をしてみてください。

Q1「ちなみに中央値はいくらなのでしょうか?」

Q2「最大値と最小値はいくらでしょうか?」

相手が答えられない場合は、何か都合が悪いことがあるのかもしれません。同時に、「この人はなかなか鋭いな」とあなたに一目置くようになるでしょう。

POINT

「平均値+2つの質問」でおおよそのデータの姿は捉えられる

8 グラフにだまされるパターンは2つしかない

本書でも少しずつグラフが登場するようになりました。そこでここではグラフを主題に、だまされないための視点をお伝えすることにします。

まずは図1－6①の円グラフをご覧ください。

ご迷惑をおかけする可能性があるので具体的な番組名や放送局は伏せますが、あるテレビ番組で実際に使われた円グラフです。どこかおかしいと思いませんか。

実は円グラフの数字とそれぞれ4要素の図形の面積が一致していません。合計は100％になっていますが、「反対」の42％よりも「どちらとも言えない」の34％のほうが大きく見えます。

この4つの数字を正しく円グラフで表したものが図1－6②です。まったく違うことがおわかりいただけるでしょう。

図1－6　①どこかおかしい？　②正しい円グラフ

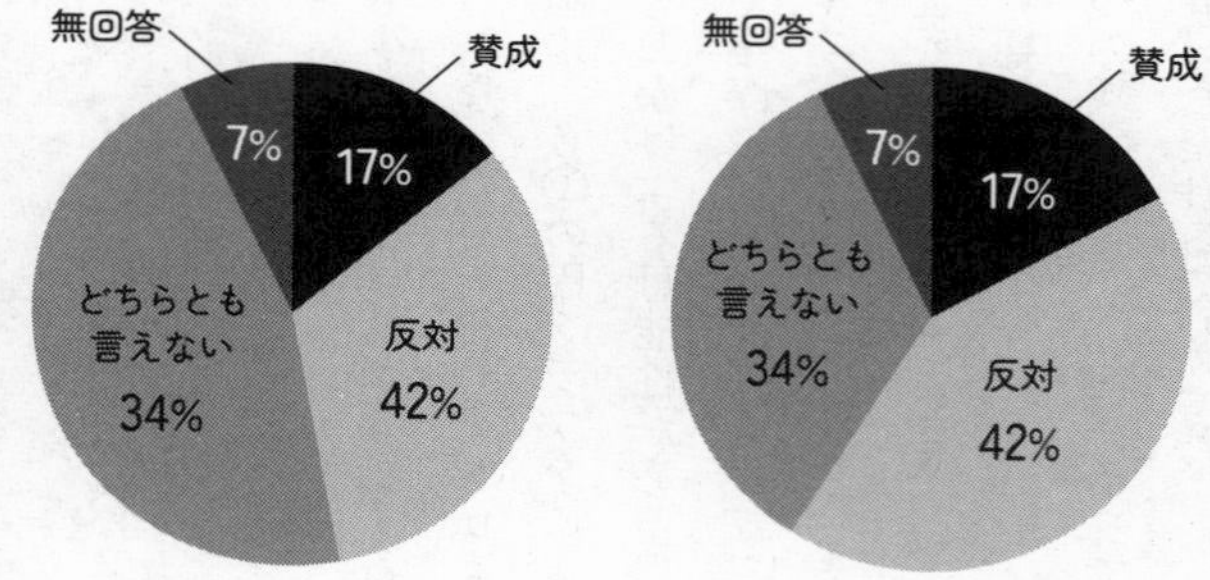

図1－6①は図1－6②よりも「賛成」と「反対」の面積を小さくし、かつ「どちらとも言えない」の面積を大きくしています。何らかの理由により、あまり白黒はっきりせずグレーな結果だったと強調したかったのでしょうか。

制作側の単純なミスなのかもしれませんが、さまざまなチェックを経て電波に乗せていることを考えると、視聴者をミスリードしたい特別な意図があるのではと勘繰ってしまいます。

この事例から得られる学びは、**グラフは「形」ではなく「数」を見る**ということです。図形は操作（ウソをつく）できても、さすがに数字は操作できません。

グラフを見るときに注意すべきポイントはもうひとつあります。

図1－7の折れ線グラフをご覧ください。あるウェブサイトのアクセス数を2021年1月から2022年9月まで1カ月ごとに集計したデータとします。

実は下段の図1－8も同じデータの推移を表現しています。

図1－7はほぼ横ばいに見え、特にわかりやすい傾向は読み取れません。一方、図1－8にははっきりと減少傾向があることが読み取れます。

このようにもし実際は減少傾向があるにもかかわらず、図1－7だけしか見せられなかったとしたら、この2年弱はほぼ横ばいで推移という説明をされても、「まあそうかな」と受け入れてしまうかもしれません。

同じ推移にもかかわらずここまで視覚的に異なるグラフになってしまう理由は、縦軸

図1−7 あるウェブサイトのアクセス数①

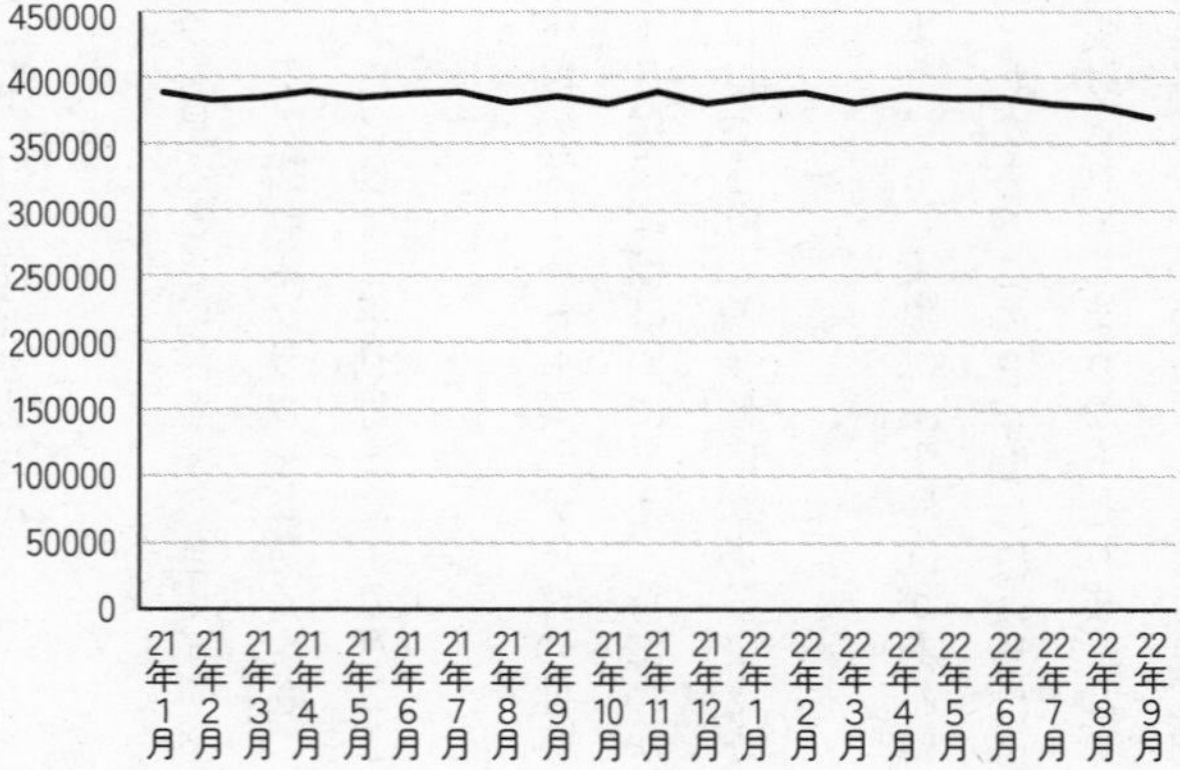

図1−8 あるウェブサイトのアクセス数②

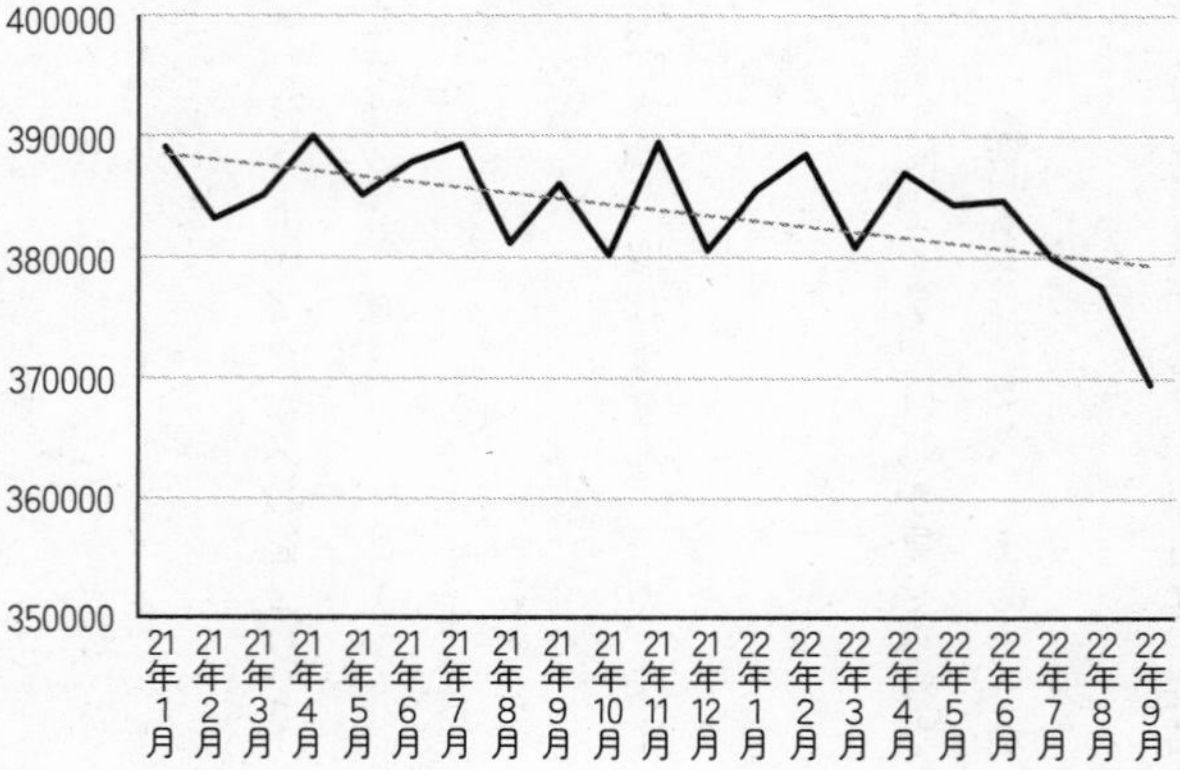

の設定にあります。

図1－7は起点が0で、目盛りも500000ずつになっています。一方の図1－8は起点が3500000で、目盛りは1000000ずつになっています。シンプルにいえば、図1－7はきわめて変化がわかりにくい縦軸になっており、図1－8はきわめて変化がわかりやすい縦軸になっているのです。

このデータを見せる側が（何らかの理由で）変化の大きさを隠したいとするなら、当然、図1－7のようなグラフで見せようと考えるでしょう。逆に変化が大きいと強調したいのであれば図1－8のようなグラフで見せようと考えるでしょう。

ある推移を折れ線グラフで見せるとき、その姿は決してひとつではありません。軸を操作することでいかようにも表現できてしまうのです。

この事例から得られる学びは、**グラフは「形」ではなく「軸」を見る**ということです。「軸」をしっかり見れば、「形」に惑わされずにそのデータの本来の姿を捉えることができます。

グラフにだまされないための2つの視点をご紹介しましたが、共通するのは「多くの人はグラフの形だけで意味づけをしてしまう」ということです。だまそうとする側は必ずそこを突いてきます。「形」ではなく「数」と「軸」を見るようにしましょう。

POINT

グラフを見るときは、「形」よりも「数」と「軸」を見る

9 データサイエンティストは数字を「絵」で読み解く

ビッシリと数字が並ぶ資料を眺める。数字が苦手な人にとってはストレスでしかない状況かもしれません。とりあえずサラッと眺め、傾向や異常値などを明らかにすることなくやめてしまう。そんな方もいるのではないでしょうか。

しかし、その膨大なデータの中に重要な示唆があったとしたら……。

こうした状況も「数字にだまされてしまった」と私は考えます。データの量に惑わされ、数字が発するメッセージを見落とした（無視した）ことに他ならないからです。

ではどうすればよいか。答えはとてもシンプルです。

何も考えずまずはその膨大なデータをグラフ化し、「絵」にしてから読み解くのです。事例で説明しましょう。

図1－9はある旅行会社のウェブサイトにおける月別アクセス数の集計です。数字がビッシリと並んでおり、数字に苦手意識のある方は目がチカチカしてくるかもしれません。このデータからいったい何がわかるかを探りたいですが、さすがにこれらの数字をじっと眺めるのはしんどい気もします。

そんなときこそ、**迷わずグラフにしてみることをおすすめします。**

図1－9をグラフにしたものが図1－10です。

先ほどの数字の羅列はとても読む気になれませんが、この状態であればストレスなく眺めることができるでしょう。傾向や異常値などの存在もすぐに明らかにできます。

具体的には、このサイトは毎年夏になるとアクセス数が上昇する傾向が顕著です。2011年3月（2010年度3月）と4月（2011年度4月）が極端に小さい数字であることもすぐに発見できます。ちょうどこの時期に東日本大震災がありました。旅行はやはり夏がハイシーズンであり、自然災害など何か大きな出来事があるとモロに打撃を受けてしまうことがこのデータからでも十分に説明ができるでしょう。

図1−9　ある旅行会社のウェブサイトの月別アクセス数

	4月	5月	6月	7月	8月	9月
2010年度	6,662,091	6,290,163	6,662,091	8,662,411	9,031,066	7,662,091
2011年度	1,599,921	5,938,194	6,038,194	7,599,910	9,193,201	8,238,190
2012年度	6,830,003	6,712,915	6,999,000	8,390,870	9,300,267	7,832,915
2013年度	6,662,210	6,777,790	7,001,721	8,840,510	9,033,271	7,649,012
	10月	11月	12月	1月	2月	3月
2010年度	6,650,317	6,660,090	6,900,101	6,321,500	6,565,081	1,630,914
2011年度	6,663,320	6,532,910	6,742,511	6,842,001	6,451,099	6,740,105
2012年度	6,219,717	6,737,221	6,992,491	6,655,553	6,192,678	6,911,653
2013年度	6,781,054	6,494,540	6,458,000	6,922,274	6,312,864	6,863,450

図1−10　グラフにするとひと目でわかる！

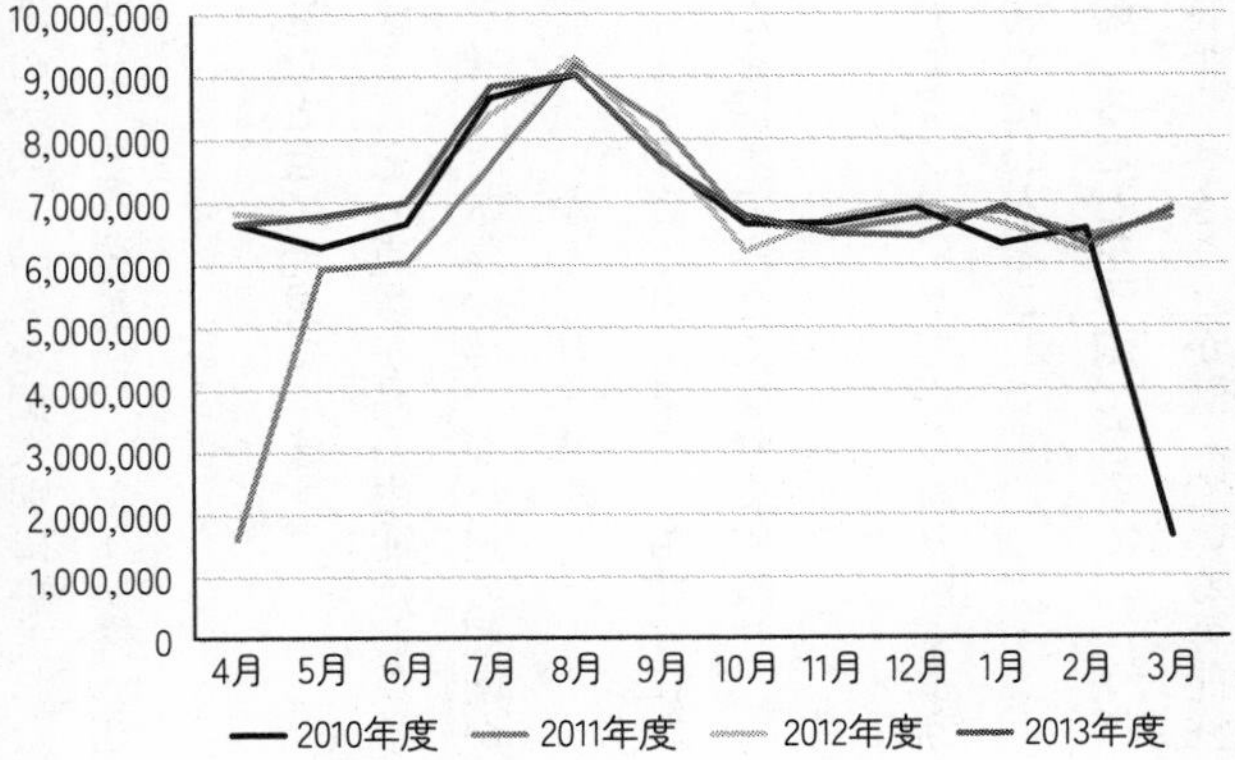

図1-11は、ある学校のクラスの国語・数学・英語のテスト結果を個人別に集計したものです。こちらも数字がビッシリと並んでいて目がチカチカするという方も多いでしょう。これをグラフにしたものが図1-12です。

こちらもグラフにすることで**傾向や異常値の存在をひと目で発見**できます。

棒グラフの高さを見ると、国語と英語は似ていますが、その点数が高い生徒ほど数学の点数は低いように見えます。このクラスは国語（英語）と数学の能力が真逆の傾向があり、語学と数学をうまく接続する授業をしてあげるといいかもしれません。

さらに、このクラスには異常に（?）数学ができる生徒がひとりいることもすぐにわかります。この生徒はどのような勉強をしているのかを探ってみたくなりますね。

このように量の多いデータなどを扱うときには迷わずグラフにしてから読み解くようにしましょう。メリットは「傾向」と「異常値」がすぐにわかることです。

データから傾向を掴めれば、それを使って未来に起こることを予測できるでしょう。

異常値があることを発見できれば、そこには何か特筆すべきことが潜んでいる可能性

図1－11　ある学校のテスト結果の個人別集計

	山田	佐藤	深沢	勝本	大山	宮本	金子	渡邊	阿部	松本
国語	58	51	43	47	80	62	60	69	73	73
数学	42	43	99	40	35	30	32	26	19	24
英語	62	60	50	34	79	50	55	71	66	70
	太田	春日	金山	飯田	大野	稲垣	坂本	森田	東山	木村
国語	71	76	80	81	75	72	70	59	64	68
数学	30	24	18	24	28	31	43	61	50	56
英語	65	69	81	74	60	52	47	44	59	67

図1－12　グラフにするとひと目でわかる！

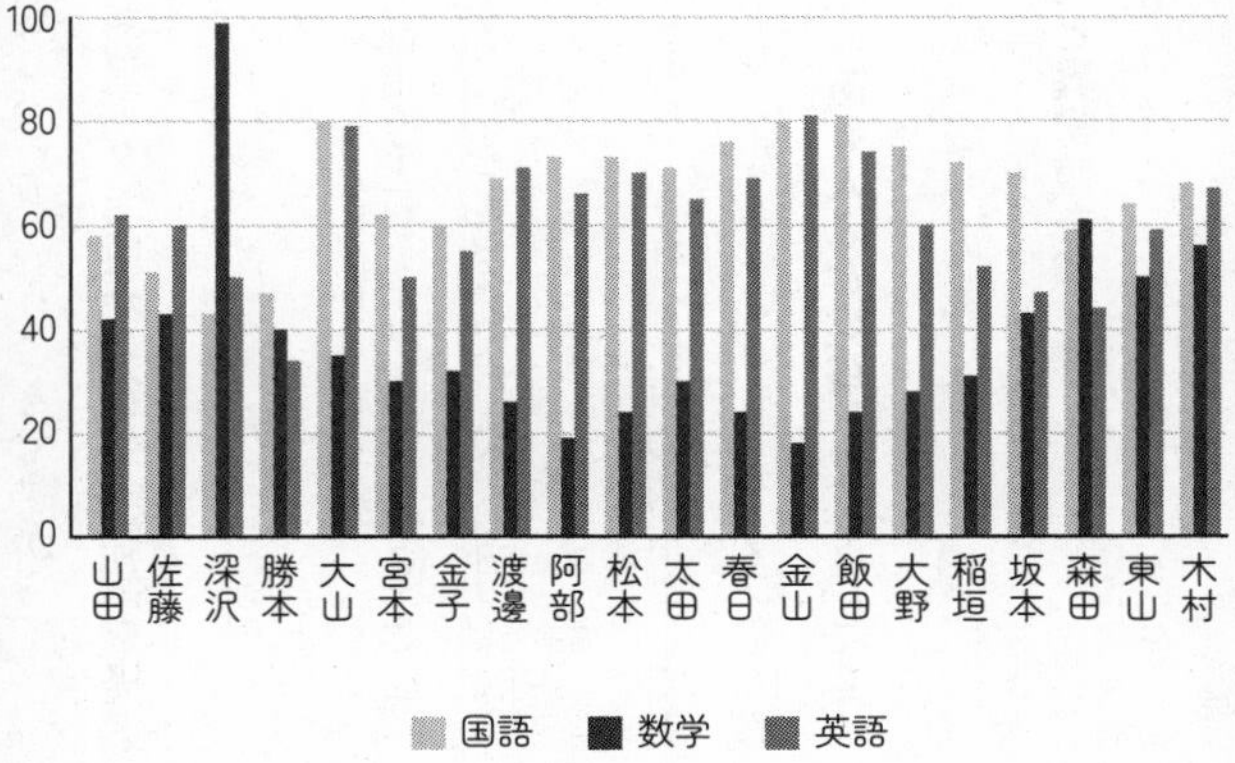

があります。異常ということは普通ではないことが起こったということですから。

余談になりますが、あるデータサイエンティスト（データ活用から新しい価値を提案できる人）が興味深いことを語っていました。

「データ分析は、まず目でするんです」

データ分析のプロでも膨大なデータを数字のまま読もうとはしないということです。傾向や異常値を発見しやすい状態にサッと変換してから読む。考えれば大変合理的です。

ここで紹介したことは今日から誰でもできる手法であり、プロも仕事の基本として実践していることです。数字の羅列を眺めることがストレスな人はいても、グラフを眺めることができない人はまずいません。**数字に苦手意識のある人ほど実践してみましょう。**

POINT

量の多いデータを扱うときは「絵」の状態で傾向と異常値を探そう

10 「2つの問いかけ」さえすれば数字の本当の意味がわかる

グラフの話題はいったん終えて、ここからはちょっとしたエクササイズを楽しんでいただきましょう。遊び感覚で結構です。まずは例題をご覧ください。

例題

次の数字からいえることを2つ以上挙げてください

「ある学生の数学のテストが90点だった（100点満点）」

回答例

「かなり多くの問題に正解できた」↓素晴らしい！

「裏を返せば、残念ながら10点分は不正解があった」↓残念！

では本番です。先ほどの例題をヒントに、ぜひチャレンジしてみてください。

問題

次の数字からいえることを2つ以上挙げてください

「あるテレビドラマの関西地区での視聴率は8%だった（全国の平均値が10%）」

（視聴率とは国内においてある特定のテレビ番組をその地区のテレビ受像機所有世帯のうち何パーセントが視聴したかを表す推定値のこと）

回答例

「全国の平均値よりは小さく、関西地区では注目度がもうひとつ足りなかった」

「逆に（裏を返せば）、この番組を楽しみに観ている人も確かにいた」

「一方、関東地区ではどれくらいの数字なのか。それも把握して評価すべき」

図1－13　意味づけの方向性が変わる

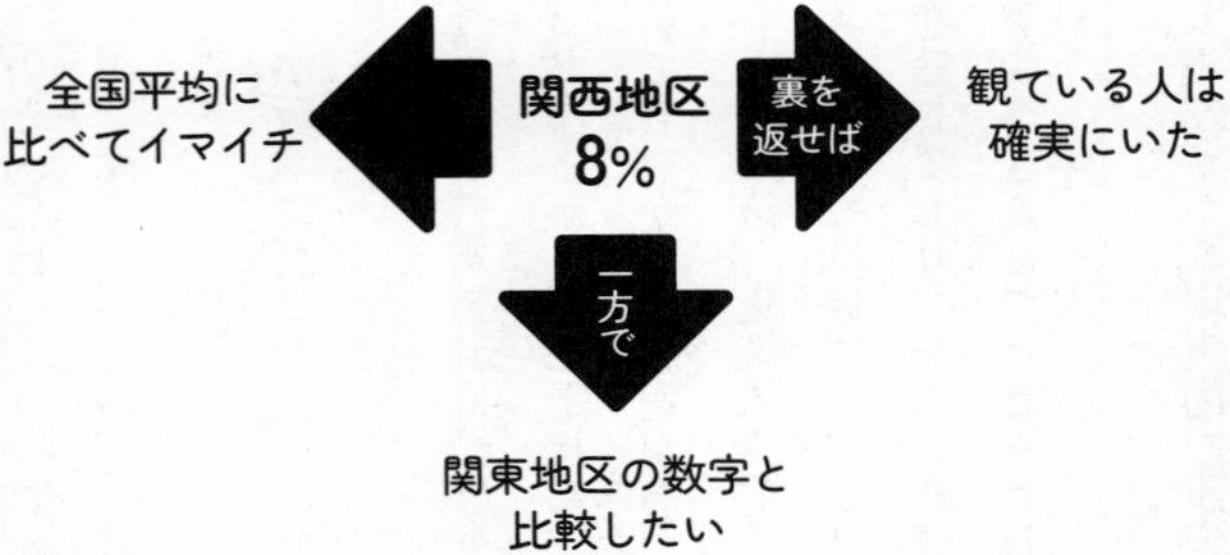
全国平均に
比べてイマイチ
関西地区
8%
裏を
返せば
観ている人は
確実にいた
一方で
関東地区の数字と
比較したい

もちろんこれが唯一の正解ではなく、いろんな回答がある楽しいエクササイズです。

ここで注目してほしいのは、文頭に登場する**「逆に（裏を返せば）」「一方」**といった言葉です。

実はこのような言葉は**数字に対する意味づけの方向を変える機能があります。**

表裏一体という言葉があるように、表（おもて）があれば必ずその裏もあり、それは逆の関係になっているものではないでしょうか。だから表だけを見ているときは方向を変えて裏も見てみるのです。

「一方」という言葉も同様に考えることが

できます。一方があれば、もう一方があります。左だけを見ているときは方向を変えて右も見てみるのです。

この考え方が数字にだまされないために役立ちます。たとえば先ほどの例題を振り返りましょう。

ある学生の数学のテストが90点だった（100点満点）ことを単純に評価すると、「素晴らしい！」となるかもしれません。ただ、ここで方向を変えて（裏を返して）考えてみると、正答できなかった問題があったということになります。90点獲得ではなくマイナス10点に注目すると、どんな問題を間違えたのかを探っていきたくなるはずです。

もしきわめて平易な問題でケアレスミスをしていたとしたら。さらにこの学生が大学の数学科に在籍しており、テストの問題が中学校レベルの数学だとしたら。この90点の評価は「反省すべきこと」となるでしょう。

少しばかり極端かつ非現実的な設定ではありましたが、このような想像まで働かせることが数字にだまされない人になるための重要な感覚です。

実は本書の中で似たような話題があったことにお気づきでしょうか。満足度調査をした結果が満足度90%であったという話です。

調査対象が超優良顧客（たとえば年間利用額の上位10名）ならば、満足度90%はある意味で当たり前の結果であり、むしろ100%でないことのほうが問題かもしれません。満足した90%よりも不満足だった10%に注目することで、この数字の本当の意味が見えてくる。数学のテストの事例とまったく同じ構造の話です。

数字でだまそうとしている人は、あなたにその数字を表側だけから見ていてほしいと思っています。裏側の存在には気づかれたくありません。だからこそ、だまされないコツは方向を変えて裏側から見てみる感覚です。

そしてその感覚を鍛えるために、思考の方向を変えることがとても有効になります。

そのための手法は、数字を見たときにある問いかけを自分自身に向けてすることです。

具体的には次の2つを覚えておけば十分です。

「逆はなんだろう？（裏を返すとなんだろう？）」

「一方で？」

こう自問自答することで自動的に別の方向づけができ、**その数字をさまざまな方向から眺める**ことができます。ぜひ試してみてください。

POINT

数字を見たら「逆は？」と「一方で？」と自問自答してみよう

11 「減少した」が一瞬で「増加した」に変わる理由

前項でお伝えしたように、数字はひとつでもその意味づけはひとつではありません。複数の方向から数字を眺めることで、数字の本当の意味が見えてくるはずです。そう考えると、私たちはひとつの数字に対して実にさまざまな比較ができることに気づきます。次の数字をテーマに考えてみましょう。

8220名（2022年3月31日）

東京都における新型コロナウイルス感染症（COVID－19）の新規陽性者数です（東京都「報道発表資料」2022年4月30日）。さて、この数字にはどのような意味があるのでしょうか。それを考えるにあたり、おそらくあなたは他の数字と比較することで意味づけをしようとするはずです。

8220名（2022年3月31日）

9518名（2022年3月30日）：前日

8869名（2022年3月24日）：1週間前

9629名（2022年2月28日）：1カ月前（東京都「報道発表資料」2022年3月31日）

414名（2021年3月31日）：1年前（東京都福祉保健局第1881報）

まず前日と比較してみることで、大きく減少したという評価ができます。1週間前と比較してみても、やはり減少しているという評価に変わりはありません。1カ月前と比べても同じです。すべて私たちにとってはポジティブなメッセージとなります。

しかし、1年前と比較するとどうでしょう。桁違いの数字であり、「また感染が拡大している」「今まさに第○波の真っ只中なんだな」とネガティブな評価になるでしょう。

ちなみに、2022年3月31日とその1週間前にあたる3月24日での、7日間移動平均という数字も見てみます。7日間移動平均とはその日から6日前までの平均を表します。

8220名（2022年3月31日）7日間移動平均：7527.6
8869名（2022年3月24日）7日間移動平均：6349

単純にその日だけの陽性者数の比較であれば減少しています。一方、7日間移動平均という数字で比較すると3月31日の数字のほうが大きいのです。直近の傾向という視点で比較すると、数字は増加傾向にあるとも考えられます。まったく逆の評価になってしまいました。

このようにいろいろな比較をした結果がすべてポジティブでも、**たったひとつの比較だけでその評価が変わってしまう**ことがあります。

これが数字の怖さであり、多くの「数字にだまされる」のカラクリです。

図1－14　条件によって数字の評価は変わる

改めて、先ほどの陽性者数８２２０名についての評価を次のような対比で整理します。

短期的（過去1カ月間程度）に見れば減少した（ポジティブ）

長期的（過去1年間程度）に見れば増加した（ネガティブ）

こう比較するとわかりますが、この２つは「短期的」「長期的」という条件つきの評価です。どんな条件つきでその数字を見るかで評価が決まることになります。

さらに大事なことは、先にご紹介した

「逆は?」や「一方で?」という問いです。

8220名という数字に対する評価がポジティブなものだとして、その条件が「短期的に見れば」だとしたら、そこで「逆は?」や「一方で?」と考えることで、「長期的に見れば」どうだろうかという発想が生まれるのは自然なことです。

整理すると、数字にだまされないコツは次のようなステップを踏んで考えていくことになります。

STEP1 どんな条件のもとでその数字は評価されたかを明らかにする
（短期的に見れば、減少した）

STEP2 その条件の逆（もう一方）にあたるものは何かを明らかにする
（長期的に見れば、という条件）

STEP3　逆（もう一方）にあたる条件のもとで、その数字を評価する（長期的に見れば、増加した）

この3ステップを踏むことで数字を2つの視点で評価することになり、短絡的に結論づける可能性が激減します。

ある数字を見たときの「良い・悪い」や「適当・不適当」といった評価はある条件のもとに行われることがほとんどです。

条件が変われば結論も変わる。

そのことさえわかっていれば、この3ステップが自然に身につくことでしょう。

※本項で使用した東京都の報道資料に基づく数字は発表日時点のものであり、随時修正が入る可能性があります。

POINT

数字に対する評価は「条件つき」。その条件を変えれば結論も変わる

12 「90歳は若い」と主張できるのはなぜ？

前項で説明した考え方の本質は「比較」です。そもそも数字というコトバの大きな特徴は、比較できることです。10という数字は5と比較すれば「2倍」というメッセージを生み、「9」と比べれば「ちょっとの差」というメッセージを生みます。

そういう意味で、ここでお話ししていることは**「数字にだまされる」というよりは「比較対象でだまされている」**と考えるほうが自然でしょう。

「その比較は妥当なんだろうか」「それはどの数字との比較で出したメッセージだろうか」「他の数字との比較はしたのだろうか」という疑いの目を持つことが大切です。

そこで、この項では比較対象でだまされないための簡単なエクササイズをしてみましょう。これまでと同様、遊び感覚で楽しんでいただければ結構です。

問題1

90歳になるある人が、自分の年齢を「若い」といっています。さて、その理由としてどんなものが考えられますか（ただし肉体的や精神的な若さのことを指しているのではなく、あくまで年齢という数字に対しての主張です）。

一般的（常識的）には、90歳の人は高齢者です。人生100年時代と考えれば真ん中は50歳であり、それと比較すればもちろん「若くはない」となります。にもかかわらず、なぜこの人は「若い」というのか。その理由を想像してください。

ここで重要なのは、この人は何と比較してそう主張しているのかという視点です。つまり比較対象を疑います。

90歳が若いということは、別のある数字Xと比較したとき、90よりもそのXのほうが大きいはずです。そんなXという数字はどんな定義をすればつくることができるでしょうか。そう考えたとき、私はこのような答えが思い浮かびました。

回答例

この人がいる介護施設の高齢者の平均年齢が95歳だから。あるいはその施設の中で実際に最年少だから。

こんな結論はまるでペテンのようだと思われるかもしれません。しかし世の中で語られている数字のトリックの正体など、このような単純なものがほとんどです。

ここで重要なのは私の回答ではなく、この回答に辿り着くまでのプロセスです。振り返りましょう。

一般的（常識的）と思われる比較対象を疑った

↓

「90よりもXが大きい」となるようなXの定義を考えた

Xの定義として考えられるものを挙げた

ポイントは最初の部分にあります。あなたがこの問題の答えがすぐに思い浮かばなかったとしたら、それは「90歳は高齢者だ」という一般的（常識的）なものに心を支配されていたからです。**一般的（常識的）にはこういうものだと思い込んでしまうのではなく、むしろまずはそこを疑うところからスタートすれば、必然的に違う比較対象の存在を想像することができる**はずです。

これを意識して、もう一問チャレンジしてみましょう。

問題2

あるビジネスパーソンが「当社の売上高は前年比およそ200％、つまり2倍です。飛躍的な成長を遂げました！」と誇らしく語っています。

果たして本当にこれは素晴らしい出来事なのでしょうか。そうとは限らないと、その理由も添えてツッコミを入れてください。

会社の売上高が1年で2倍になるなんてそうあることではありません。一般的（常識的）に考えれば、「2倍も増えたなんてすごい！」と短絡的に思ってしまいそうです。しかしこの一般的（常識的）な感覚をいったん捨ててみます。具体的には、2倍がすごくないといえる条件を考えてみるのです。

たとえば何らかの理由により、この会社が参入している市場自体が1年で急成長したとします。仮にその規模が5倍だとしたら、この会社の売上高は素晴らしい実績とはいえません。むしろ逆に苦戦していると評価するべきでしょう。

回答例

市場自体が5倍の成長をしているので、そうとは言い切れない。

この回答に辿り着くまでのプロセスを整理します。

まずは一般的（常識的）と思われる比較対象を疑いました。次に「2倍がすごくない」となる比較対象を考えました。まさに問題1とまったく同じ考え方で回答例を導いているわけです。ぜひこの思考プロセスを真似してみてください。

ちなみに問題2に関して、いくらエクササイズとはいえ「市場規模がいきなり5倍になる」なんて非現実的なことは想像できないと思う方がいるかもしれません。しかし、それもまた一般的（常識的）なものに心を支配されている可能性があります。

市場調査会社の富士経済による2020年の調査によると、同年の家庭用マスクの市場規模（販売金額）は5020億円になる見込みとのこと。2019年が415億円であり、実に12倍の伸びとなります。

思い込みを捨て去る。大切ですね。

POINT

一般的（常識的）なものほど疑うことで、新たな比較対象が見つかる

13 「2×2マトリクス」数字にだまされないための最強ツール

本章の最後に、誰でも簡単に使えるツールをご紹介します。図1－15のような「2×2」の構造をした表（「2×2マトリクス」）です。きわめてシンプルな姿をしていますが、数字にだまされないようになるための強力なツールになります。

このツールのポイントは縦と横の比較があることです。横の比較だけではだまされてしまう可能性があるので、同時に縦の比較もすることを目的とします。抽象的な説明なので、具体例で紹介しましょう。

まずは前項の問題2を例に、なぜ私があの回答例を思いついたのかを説明します。

ある会社の売上高は前年比のおよそ2倍であり、これを「飛躍的な成長を遂げました！」と主張しています。そこで、「昨年の売上高」を「基準とする数字」としそれを「1」

図1－15　「2×2マトリクス」は強力なツール

	基準とする数字	比較する数字
相手の主張		
逆に（一方で）		

とします。また、「今年の売上高」を「比較する数字」としそれを「2」とします。

次に「一方で？」と自問自答することで、市場全体ではどうだったのかを確かめる発想が生まれます。市場自体が5倍の成長をしているとしたら、同じ考え方で数値化すれば図1－16のような表が完成します。

ある会社の数字と市場全体の数字を比較することで相手の主張にだまされることなく、「そんなことはない」と反論することができるのです。

このツールはさまざまな場面で役に立つもので、先ほど例に挙げた新型コロナウイ

図1－16　実際に「2×2マトリクス」で考えてみると①

	昨年	今年
ある会社	1	2
市場全体	1	5

２倍に
なった！

５倍に
なった！

ルス感染症の話もこのツールで説明がつきます。

基準とする数字を２０２２年３月31日の陽性者数８２２０名とし、比較する数字をその１カ月前にあたる２月28日の９６２９名とします。これだけならば当然、「減少していくのでいいことだ」という主張が生まれることになります。

しかし、これはあくまで短期的な視点ですから、一方で長期的な視点ではどうだろうかと確かめる発想が生まれます。ちょうど１年前にあたる２０２１年３月31日の数字は４１４名ですから、図１－17のような表が完成します。

図1－17　実際に「2×2マトリクス」で考えてみると②

	2022年 3月31日	比較の対象
短期的	8220	9629
長期的	8220	414

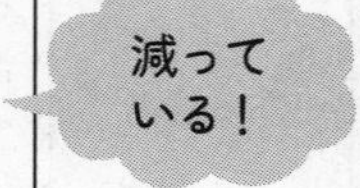

違う例も紹介しましょう。

ある人気商品の広告を見たことがある人のうち購入者がどれほどいるかを調査したところ、１００人のうちなんと80人が購入したことがあるという答えでした。この結果を受けて、担当者は「やっぱり広告を出すことは有効だ！」と主張したとします。

さて、この主張は本当に正しいのでしょうか。

この場合、基準とする数字は購入した80人、比較する数字は購入していない20人とします。比較した結果4倍も違うので、広告は有効だという主張です。

図1－18 実際に「2×2マトリクス」で考えてみると③

	購入した	購入していない
広告を見た	80	20
広告を見ていない	85	15

購入者比率80%

購入者比率85%

そこで「逆は？」や「一方で？」と自問自答してみましょう。この１００人はあくまで広告を見たことがある人たちです。ということは、逆に広告を見たことがない人たちはどうなんだろうという発想が生まれます。もし同じ１００人に調査した結果、85人が購入しているという結果が出たとしたら、図1－18のような表が完成します。

広告を見た人たちよりも広告を見ていない人たちの購入率が高くなるということです。「やっぱり広告を出すことは有効だ！」という主張はきわめて疑わしく、むしろ広告は購入に関係ないのではという仮説も成り立ちます。

本項で3つの例を用いましたが、すべて同じ構造の説明になっていたことにお気づきでしょうか。「2×2マトリクス」がさまざまなケースで活用できるツールであることが伝わったと思います。

あなたもこのツールを活用することによって、**数字を使った相手の主張に対して「そうとは限らない」や「それは誤りではないか」と自信を持って指摘**することができます。

ぜひ実践してみてください。

POINT

「2×2マトリクス」を活用し、「横の比較」と「縦の比較」を組み合わせて真実を探り当てよう

第 **2** 章

数字を正しく読む技術

［実践編］

1 「ランキング」は信じていいのか？

本章は実践編です。前章で解説した基本をベースに、より実践に近い形で数字にだまされないためのコツを紹介していくことにします。「応用」ではなく「実践」という言葉を選んだのは、決して数学的な話題のレベルが上がるわけではないからです。「自分は数字に弱いから」と身構える必要はまったくありません。安心して読み進めてください。

早速ですが、前章で登場回数の多い名詞のランキングを紹介します。名詞ですから「だます」や「考える」といった動詞は入りません。圧倒的な第1位は「数字」です。当然ですよね。第2位は「図」と「比較」。第3位は「値」です。

実はこのランキングの第4位が「定義」です。意外に思われた方も多いのではないかでしょうか。この結果からもわかるように、数字にだまされないための（意外に）重要なポイントのひとつが「定義」です。

そこでこの「定義」に関して、日常生活やビジネスにおいて気をつけるポイントを詳しく説明していきます。

まずは「ランキング」ということをテーマに定義を考えてみましょう。先ほど紹介した名詞の登場回数もまさにランキング。順位づけされた情報を見聞きする場面は、私たちの日常でもとても多いはずです。

たとえば、「就職に強い大学ランキング」なるものがあるとします。

このランキングにおける「就職に強い」とはどのような定義であると想像しますか。

就職率の高い大学が上位になるランキングだと想像するのが一般的でしょう。

では実際はどうでしょうか。次のようなインターネットの記事がありました。

就職に強い国内の大学ランキングTOP20！
第1位：東京大学
第2位：早稲田大学
第3位：京都大学……

本書をここまで読んでくださったあなたなら、このランキングを見た瞬間に「就職に強い」の定義は何かを確認したくなるでしょう。この記事には、次の出典が記載されていました。

（2021年9月23日、ロンドン発）国際的な高等教育専門調査会社であるQS Quacquarelli Symonds（以下「QS」という。）は本日、各大学とその卒業生の就職との関係に注目した調査結果を発表しました。

例年、QSは就職に重きを置く学生のために、エンプロイヤビリティ（※1）の観点から見た、世界トップクラスの高等教育機関のランキング・リスト「QS Graduate Employability Rankings」（エンプロイヤビリティ向上の取組の結果とその将来性の観点から世界の各大学のパフォーマンスを比較するランキング）を発表しています。「2022年版 QS Graduate Employability Rankings」の結果によれば、トップ100大学の中に日本の大学は7大学含まれており、これはアジアの他国と比較して、最も多い数になります。またQSのデータによれば、日本の高等教育機関は学生に対し、キャンパス内で企業関係者と出会う機会を多く提供しているという点で、特に優れていることが明らかになりました。

※1．エンプロイヤビリティ：雇用される能力、労働市場における実践的な就業能力

つまり、エンプロイヤビリティなるものによってランキングが決まり、その高さをそのまま「就職に強い」としているのです。実際に何名が就職活動に参加し、何名が就職したのかという数値だけで評価しているのではなさそうです。

東洋経済オンラインでは、「最新！『有名企業への就職に強い大学』トップ200校」という記事が2021年10月2日に掲載されています。

第1位：一橋大学（56・7％）
第2位：東京工業大学（54・0％）
第3位：慶應義塾大学（40・9％）……

こちらのランキングは有名企業400社の実就職率（400社就職者数÷｛卒業（修了）者数−大学院進学者数｝×100で算出）をもとに順位づけがされています。多くの方が想像する定義はおそらくこちらではないでしょうか。

ちなみに東京大学がランクインしていないことに疑問を持つ方がいるかもしれませんが、記事には「一部が未回答の東京大学は表から除いている」とありました。しっかり細部まで情報を拾わないと間違った認識をしてしまいますね。

ここで注意していただきたいのは、このランキングが「有名企業」への就職に強い大学となっていることです。

このランキングは有名企業に就職できることを就職に強いと定義しているのでしょう。

では、「就職に強い」の定義はご紹介した2つのうちどちらが妥当でしょうか。

個人的にはエンプロイヤビリティの高さや有名企業への就職だけが重要ではないようにも思います（もちろんどちらもひとつのランキングのつくり方であり、それ自体を否定するものではありません）。

そもそも有名企業に入社できる若者のほうが圧倒的に少数で、入社試験という狭き門をくぐり抜けた精鋭を多く有する大学であるのは確かに素晴らしいことです。

一方で、大学入試での偏差値にかかわらず、入学した学生を手厚く面倒を見て育て上げ、有名企業ではなくともしっかり社会人として就職させて送り出すことのできる寺子屋のような大学も「就職に強い」と考えることができるのではないでしょうか。

たとえば、私がかつて5年ほど非常勤講師として経営情報学部の数字力の講義を担当していたある大学があります。この大学の就職決定率は96・３％（２０２０年度卒業生）です。この数字の定義は、就職希望者数に対する就職決定者数の割合です。

この大学は、入試の難易度が決して高いわけではありませんが、少人数制という特徴があり、学生を手厚くサポートする面倒見のよさがウリです。

先ほどの有名企業４００社の実就職率56・７％も立派ですが、この大学の就職決定率96・３％も素晴らしい数字であり、**定義はまったく異なりますがどちらも「就職に強い」を表現している**といえるでしょう。

このような事例は数え上げるときりがありません。

「住みたい街ランキング」なるものもよくメディアに登場します。これも調査会社やメディアによってまったく違う結果が出ています。短絡的にその情報を鵜呑みにして引っ越しを決めたりすることのないよう注意したいものです。

少なくとも、ランキングの算出方法や調査対象者数などが書かれていない場合は信用できない情報と思っていいでしょう。調査結果が虚偽であるということではなく、**信用に値する情報を開示していない**という意味です。

このようにランキングとはどうとでも操作ができる情報であり、極端なことをいえば、ある調査で最下位のものを簡単に第1位にできてしまうものなのです。

だからこそ重要なのは**「定義」を徹底的に確認する習慣**です。順位づけのロジックを確認せずにランキングの情報を鵜呑みにすることは避けたいものです。

余談ですが、私であれば「住みたい街」ではなく、「生活満足度」や「幸福度」といった指標のランキングを信用するでしょう。そこに住んでいない人の人気よりも、そこに住んでいる人の満足度のほうがはるかに情報として信憑性があると考えます。

POINT

算出方法や調査対象者数などが書かれていないランキングは鵜呑みにしない

2 「その数字は何を測定した結果か？」という視点を持つ

中国では**「信用スコア」**というものが普及しています。文字通り社会的に信用できる人物かどうかを数値の大小で表現するものです。

ここで重要なのは、何をもって信用が高いとするのかという、信用スコアの定義です。私も専門的なことはわかりかねますが、年収や資産、借入の状況や返済履歴といった個人情報に加えて、性格やウェブでの行動履歴・購買履歴、ＳＮＳの使用履歴などの情報も加味した上で、最終的にはＡＩが数値化しています。

実際、中国では12億人以上が利用するスマホ決済のアリペイに集まるビッグデータを活用することで、信用スコアの精度を高め、さまざまなシーンで使われています。

決済額が大きい、マイカーや住宅を所有していて資産が多い、そんな資産が多い人とたくさんSNSでつながっている、学歴は高く、社会的に安定している職業、といったことが信用スコアを上げるものと推察されます。これらを計測し独自のロジックで計算することで信用度を測っているのでしょう。

ここで少しばかり妙な質問をします。

この信用スコアを決めるものが（実際にはあり得ませんが）、食事の量、着ている洋服の色、体毛の濃さ、だとすると、あなたはこの信用スコアを正しいと思うことができるでしょうか。

私は思えません。なぜなら、それら3つが社会的に信用できる人物かどうかを評価する指標とは思えないからです。

この話をきわめてシンプルなモデルで表現すると、**「あるXを測ることで、別のあるYが測れる」**ということになります。

X：測る
↑
Y：測れる

あなたがこのYという数字を見たとします。このYを正しいと信じるためにはXがあなたの認識と一致しており、「測るべきものとして正しい」と納得できていることが必要です。XもYも数字とするなら、次の考え方は非常に重要になります。

「そのYはどんなXを測った結果なのか」を確かめる。
そのXはあなたが思っているそれとはまったく違うものかもしれない。

具体例を挙げましょう。天気予報などで「不快指数」という言葉を聞く機会があるでしょう。夏の蒸し暑さを数量的に表した数値で、高ければ高いほど人間は不快に感じると解釈します。

では、不快指数（Y）とはどんな数値（X）を測定した結果なのでしょうか。

答えは気温と湿度です。具体的には次の数式で定義されています。

不快指数＝$0.81 \times T + 0.01 \times H \times (0.99 \times T - 14.3) + 46.3$

T：気温（℃）　H：湿度（％）

多くの人は「明日は不快指数が高いからきっと過ごしにくい不快な1日だ」と説明されると納得するでしょう。しかし私はこの言葉を信じません。

なぜなら、この不快指数の定義に風量という概念が入っていないからです。

たとえ温度や湿度が高くても、ある程度の風が吹いていれば過ごしやすく感じるものです。不快感は一気に和らぐでしょう。

ですから私は不快指数だけではなく、可能であればその日の風の強さも把握するようにします。それらの総合評価で、明日がどれだけ不快に感じる1日かを推定するのです。

「明日は不快指数が高いから不快な1日だ」と短絡的に決めつけるのではなく、その数字は何を測定した結果なのかを確かめる発想を持ちたいものです。

似たような例をもうひとつ挙げましょう。

「日本は世界各国に比べて治安がいい。だから幸福度も高い」

このような話を聞いたら、あなたは信じますか。私はこれだけでは到底信じることはできないと考えます。理由は3つあります。

・本当に日本は世界各国に比べて治安がいいのかを確認したいから
・治安がよければ幸福度も高いといっていいのか疑問だから
・そもそも幸福度とは何を測定しているのかがわからないから

図2－1　世界各国の殺人発生率

順位	国名	2020年
1	ベネズエラ	49.88
2	ジャマイカ	44.68
3	レソト	43.56
4	トリニダード・トバゴ	38.57
5	エルサルバドル	37.16
…	…	…
142	日本	0.25

単位：件/10万人　出典：UNODC

まず治安について確認してみます。あるデータによると世界の（国別）殺人発生率は図２－１の通りであり、日本は１４２位とのこと。治安のよさについては信じてもよさそうです。しかし、治安がいいからといって国民の幸福度が高いと結論づけてよいものでしょうか。

そこで次にすることは、幸福度とは具体的に何を測定しているのかの確認です。

実際に幸福度というものが数値化されている例があります。幸福度調査と呼ばれ、人々が感じている幸福の度合いを数値化し、その背景を分析する調査です。国際連合の関連機関であるＳＤＳＮ（Sustainable

Development Solutions Network：持続可能な開発ソリューション・ネットワーク）が2012年から公表している「世界幸福度報告書」（World Happiness Report）というものがあります。

具体的には次の数値や質問によって数値化された幸福度の背景を分析しているそうです。

①一人当たりのGDP
②「困ったとき、いつでも頼れる親類や友人がいますか」という質問
③健康寿命
④「生活における行動を選ぶ自由に満足していますか」という質問
⑤「この1カ月間で寄付をしましたか」という質問
⑥「国家や産業界に腐敗は広がっていますか」という質問

ここに「犯罪件数」という項目はありません。幸福度という数値は、犯罪件数を測定

した結果ではないということです。犯罪の多さ（少なさ）と幸福度の低さ（高さ）を短絡的に結びつけるのは早計ではないでしょうか。

私たちはつい「○○指数」や「○○度数」といった数字を鵜呑みにし、勝手に都合よく意味づけしてしまいます。

ですから「そのYはどんなXを測った結果なのか」を確かめる発想を持つことが重要です。それはYという数字の定義を確かめることに他なりません。これもまた「定義」の話なのです。

POINT

「その数字は何を測定した結果か？」という視点を持つだけで、数字にだまされる可能性は激減する

3 同じデータから「平均値」がいくつも生まれる理由

突然ですが、とても簡単な算数・数学のお話。少しだけおつき合いください。

問題

100kmの距離を往路は時速20kmで走り、復路は時速5kmで走った。往復での平均の速さは？

一般的な算数の正解はこうです。

回答

往路でかかった時間：100÷20＝5（時間）

復路でかかった時間：100÷5＝20（時間）
往復で200kmの距離を25時間かけて進んだので、平均の速さは200÷25＝8
時速8km

しかし、この問題を（20＋5）÷2＝12・5と答える方もいます。時速20kmと時速5kmという2つの数字のまさに平均値を計算したのでしょう。

気持ちはよくわかりますし、これを間違いとしてしまうのは少しかわいそうな気もします。私の個人的な解釈ですが、もしこの問題が「往路の速度と復路の速度の平均は？」であればその考え方で正解となるでしょう。

簡単な算数を体験していただきましたが、この問題を通じてあなたにお伝えしたいのは、**平均にも定義が必要なときがある**ということです。

たとえばある企業が従業員に対して、職場の満足度について5段階（最高が5、最低が1）で評価してもらったとします。対象者は計8人。当然ですが、正直に評価することを前提とします。またこの調査において平均が3・5を下回る場合は「問題あり」と評価することが決まっているとします。

実際に調査した結果、8人の平均スコアは3・5。ちょうど基準値ですから、現状は問題ないと評価するのが妥当でしょう。

しかし、あなたがこの調査データを使ってどうしても「問題あり」という結論にしたい立場だとします。たとえば金子さんのように現状の環境に不満を持っている人であれば、職場環境を変えてもらえるようにこの情報を〝操作〟したいと思っても不思議ではありません。

だからといって、実際のスコアを勝手に変えるとデータの改竄《かいざん》になります。

ではこのようなデータをどのように〝操作〟することで、「問題あり」という結論をつくることができるでしょうか。

たとえばこのデータを男性と女性で分解してみます。

すると男性の平均は「4」、女性の平均は「2」となります。この2つのスコアの平

図2−2 ある企業の従業員満足度（5段階評価）

メンバー名	性別	満足度
山田	男性	4
佐藤	男性	4
北沢	女性	3
神崎	男性	5
白井	男性	4
金子	女性	1
大山	男性	4
佐々木	男性	3
平均		3.5

図2－3　データを“操作”すると平均も変わる

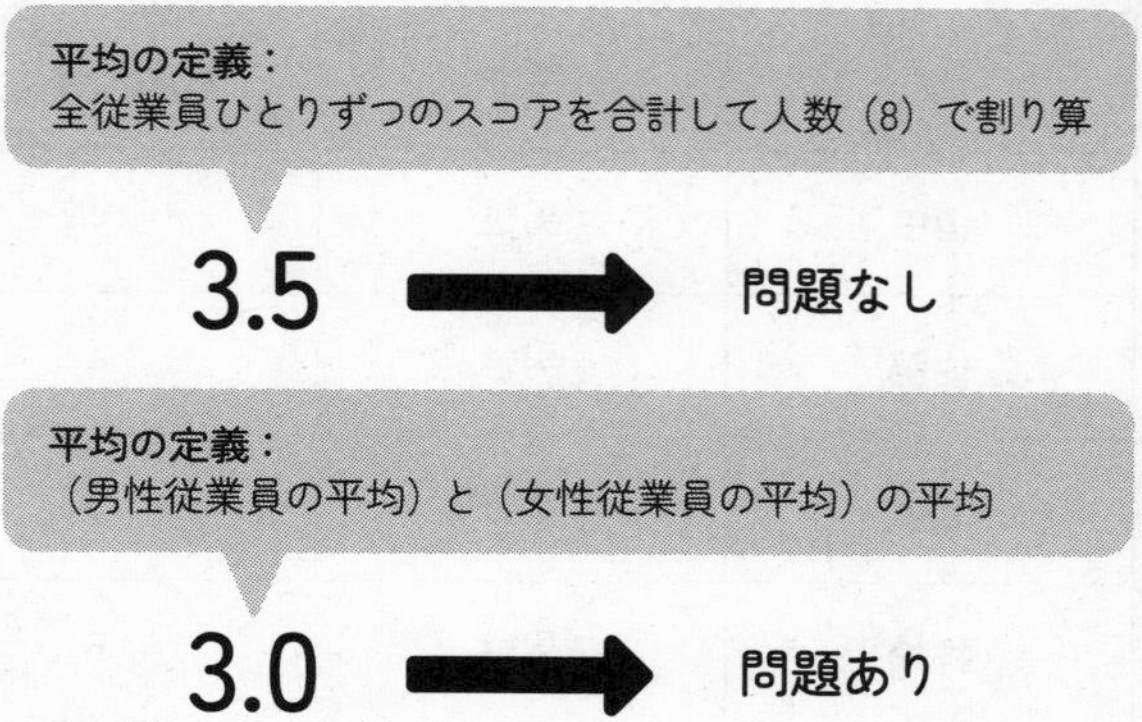
平均の定義：
全従業員ひとりずつのスコアを合計して人数（8）で割り算
3.5
問題なし
平均の定義：
（男性従業員の平均）と（女性従業員の平均）の平均
3.0
問題あり

均を「従業員の平均」と定義すれば、その数字は「3」。基準値である3・5を下回っており、「問題あり」という結論をつくることができます。

「まるでペテンじゃないか」と思う方もいるでしょう。

しかしここで重要なのは、**この〝操作〟はウソをついているわけではない**ということです。ある人物の満足度が「5」なのに、それを勝手に「3」にしたわけではありません。

平均という数字にその人なりの定義をし、その通りに正しく計算しただけです。

ここから導かれるのは、あなたの日常生活においても、**相手はあなたが思っている「平均」とは違う「平均」を使って説明している可能性がゼロではない**ということです。

私たちが日常でよく使う平均値という数字すらも、その定義を確認する必要があります。

とはいえ、情報発信者がその平均値の算出法まで丁寧に説明するような良心的なケースはほとんどないのが現実です。

そのため、私は統計データを読むときや誰かのプレゼンテーションを聞くときなどに平均値が登場したら、可能な状況であればその定義を確かめるようにしています。

いくつか具体的な例を紹介しましょう。

従業員の平均年収

↓「それは従業員一人当たりの年収という意味でよろしいでしょうか。具体的には、(全従業員の年収を合計したもの)÷(従業員数)と理解しています」

平均商品単価

↓「それは全商品が対象でしょうか。それとも売れた商品のみが対象でしょうか。また、100円の商品が4個と200円の商品が1個の場合は、600円を5で割って120円とするのか、それとも100円と200円の平均で150円と考えるのでしょうか」

平均従業員数

↓「それは全従業員数を事業所の数で割り算した結果でしょうか。あるいは各事業所の平均従業員数のさらに平均をとった値のことでしょうか。あるいは過去数年間、年ごとに算出した全従業員数の平均でしょうか。そもそも、従業員の定義は何でしょうか。社長や取締役、派遣社員やアルバイトのスタッフは含まれるのでしょうか」

特に最後の平均従業員数に対する定義の確認などは、ここまで本書で紹介してきた内容のエッセンスが盛り込まれている例ではないでしょうか。

単に平均従業員数とだけ表現されても、具体的にどんな数字を使い、どんな定義で平均値としたのかわからなければその数字の本当の意味もわかりません。単純に全従業員数を事業所の数で割り算した結果なのか、先ほどの従業員満足度の事例のような少しばかり個性的な定義をしたのか、あるいは時系列データのある範囲での平均なのか。そもそもどこまでの範囲を従業員としたのか。ここまで確認できれば、その平均という数字にあなたがだまされることはありません。

ひと口に「平均」といっても、実にさまざまな「平均」があります。ぜひ確かめる習慣をつけてください。定義の重要性。十分すぎるほどご理解いただけたでしょう。

POINT

「平均」はウソをつかずにメッセージを操作できる数字。平均の定義から確かめる習慣を

4 「そのサイズでいいのか？」という視点を持つ

時系列データの場合

ここからは「サイズ」というキーワードでお話をしていきます。サイズとは「大きい・小さい」を表現するもののことです。

結論から申し上げると、あなたは次のような問いを自分自身にすることで数字にだまされる機会を減らすことができます。

「そのサイズでいいの？」

たとえばある企業のマーケティング担当者が、発売してまる2年になるある自社商品の今後の売上予測を説明しました。この担当者の説明は次の通りだったとします。

図2－4　ある商品の売上高の推移（3カ月）

1月	2月	3月
549	558	563

単位：万円

「直近3カ月の数字は図2－4のような状況であり、わずかながら上昇傾向です。よって翌4月の売上高は3月から微増の570万円から580万円程度での着地になると予測します。わずかではありますが順調に売上を伸ばしています」

確かにこの3カ月の数字から考えると、説明の内容にも頷けます。思わず「順調」という言葉を信じてしまいそうですが、このようなときこそ私たちは次の問いを思い出したいところです。

「そのサイズでいいの？」

この担当者はわずか3カ月間の数字だけで翌4月の数字を説明しましたが、予測のために使うデータの範囲は

図2－5　ある製品の売上高の推移（2年間）

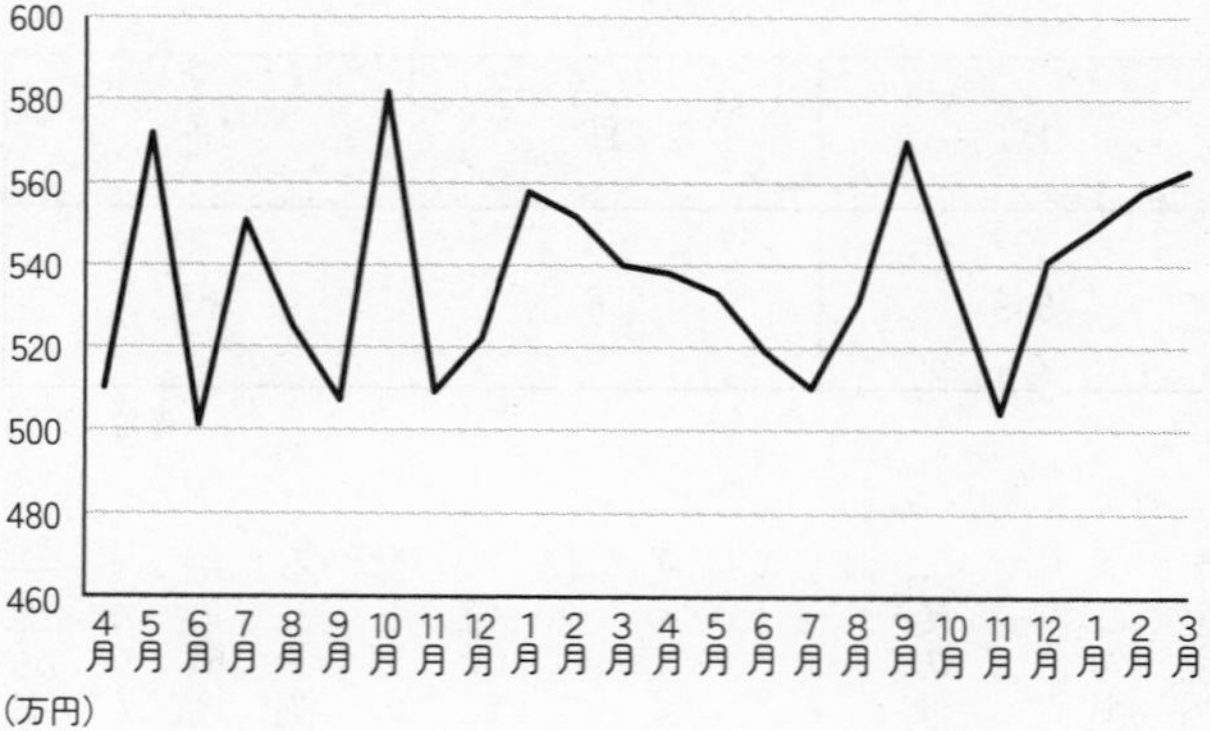

本当にその3カ月でいいのでしょうか。もう少し大きい範囲で売上の推移を把握したほうがいいとは考えられないでしょうか。そして、発売当初から2年間の月別データを確認したところ、図2－5のような推移だとしたらどうでしょう。

好調だった月とそうでなかった月の差が大きく、きわめて予測が難しい推移をしていることがわかります。これでは翌4月が大きく売上を落としてしまう可能性も否定できません。「順調」という担当者の言葉はきわめて信憑性のないものに変わるでしょう。

このように、「もっと大きい（小さい）

サイズで数字を確認する」という視点を持っておけば、相手の主張を鵜呑みにすることなく、正しい指摘ができるようになります。

ところで、ある企業研修でこのような時系列データの扱い方について説明したところ、参加者から次のようなご質問をいただきました。

「時系列データから未来の予測を説明されるとき、その予測に使う時系列データの個数はどれくらいあれば妥当でしょうか。逆にどれくらい少ないデータの個数の場合にその主張を疑ったほうがいいのでしょうか。もちろんデータの個数は多ければ多いほど、つまり大きい範囲であればあるほどいいのではないかと感覚的に思っているのですが」

当然のご質問だと思います。そこでお答えした内容を、本書でも紹介しましょう。

まず、「大きい範囲であればあるほどよい」が大前提となります。未来の数字を予測するにあたり、そのための素材は多ければ多いほどよいからです。

先ほどの事例においてもわずか3カ月のデータよりは2年間（24カ月）のデータがあったほうがだまされずに済む可能性は高くなるでしょう。しかし私の知る限り、妥当なデータ量を規定する世界共通の方法論やルールは存在しません。

その上で、**最低どれくらいのデータの個数があればいいと考えるか**について私見を述べます。

私の考えは、「月ごとの時系列データならば最低2年間（24カ月）は欲しい」となります。理由を説明します。

私は時系列データには大きく4種類あると思っています。

①大きな変動がなくほぼ横ばい
②わかりやすい上昇（下降）傾向がある
③季節変動がある
④季節に関係なくランダムに変動する

図2−6 時系列データの４つの種類

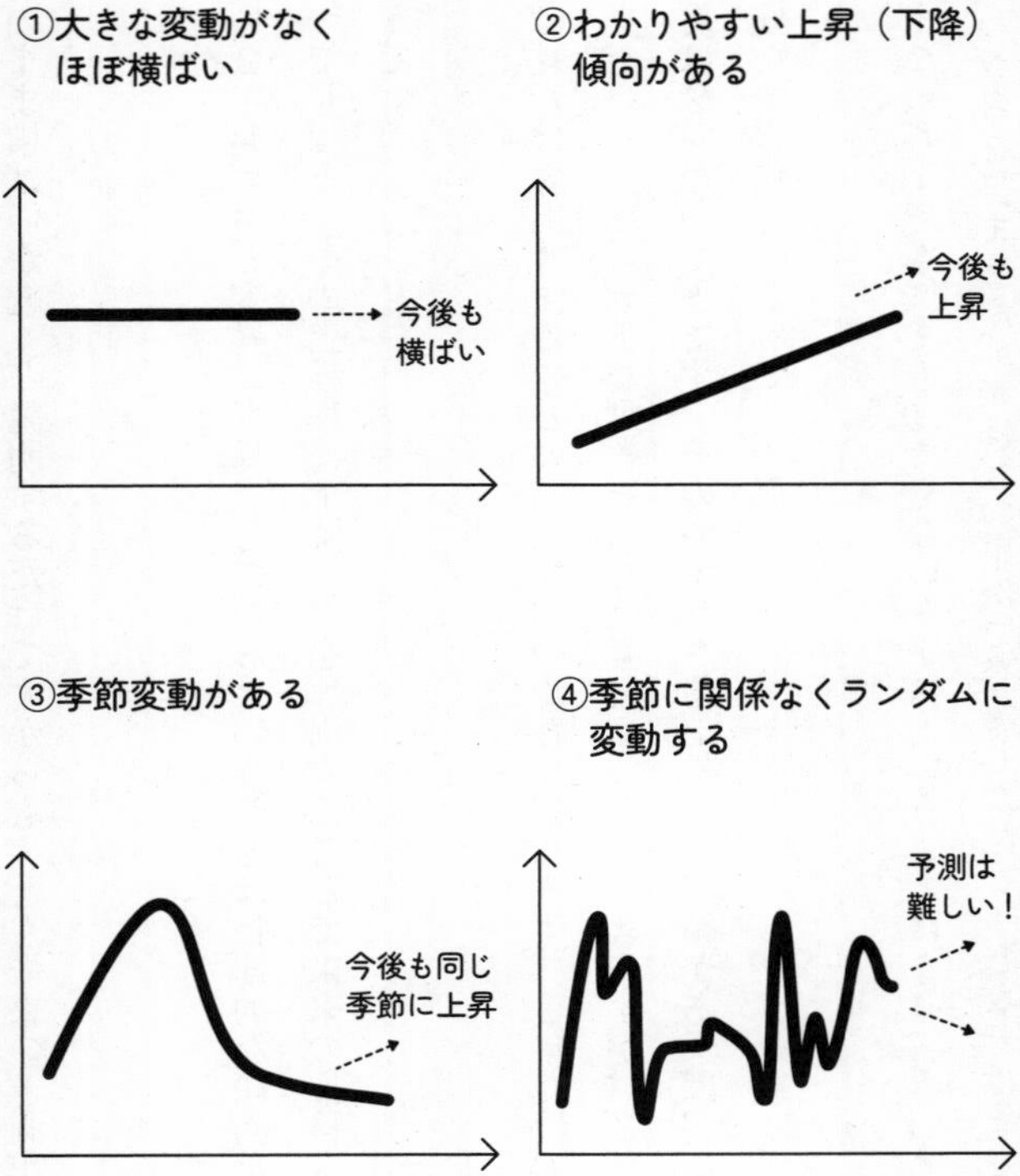
①大きな変動がなく
ほぼ横ばい
今後も
横ばい
②わかりやすい上昇（下降）
傾向がある
今後も
上昇
③季節変動がある
今後も同じ
季節に上昇
④季節に関係なくランダムに
変動する
予測は
難しい！

まず①はそのまま横ばいが続くと説明するだけですからもっとも未来の予測がしやすいですね。

②についても2年間ずっと上昇（下降）しているということは長期的な傾向だといって差し支えないでしょう。その上昇率（下降率）を算出することで未来の推移も簡単に説明ができそうです。

③はたとえば夏だけ急上昇する、といった傾向のことを指します。1年だけではたまたまその年の夏だけイレギュラーな動きをしたと考えることもできますが、2年の計測期間があれば夏は2回やってきます。そのいずれも急上昇した実績があれば、これは未来を語るに十分な情報だといえるでしょう。

最後の④はすなわち①でも②でも③でもないケースということになり、きわめて予測が難しいと言わざるを得ません。先ほどの事例で登場した図2－5などはまさにこのケースであり、未来を予測する素材としてはほとんど扱えないと結論づけられるでしょう。

以上が「月ごとの時系列データならば最低2年間（24カ月）は欲しい」の理由です。もし誰かが時系列データをもとに未来を予測して説明している場面があったら、必ずその時系列データの範囲を確かめてください。**できるだけ大きな範囲のデータで事実を確かめ、その予測値が妥当かどうかを評価**しましょう。

POINT

月ごとの時系列データは最低でも2年間（24カ月）は欲しい。「そのサイズでいいの？」という問いを習慣にしよう

5 「そのサイズでいいのか？」という視点を持つ

相関分析の場合

サイズの話を続けます。

たとえば図2－7はあるアパレルショップにおける秋冬時期のコートの販売数（縦軸）と気温（横軸）との関係をグラフにしたものです。このショップは氷点下の日も頻繁にある寒冷地にあり、0℃を起点とした横軸の気温の数値はその日の最低気温と最高気温の平均値としました。

このようなデータの散らばり具合をグラフ化したものを散布図と呼びます。

ご覧の通り気温が低いほどコートの売れ行きがよかったことがわかります。

このように一方のデータの増減ともう一方のデータの増減に関連がある場合を「相関関係がある」と表現します。

図2-7 気温とコートの販売数の関係

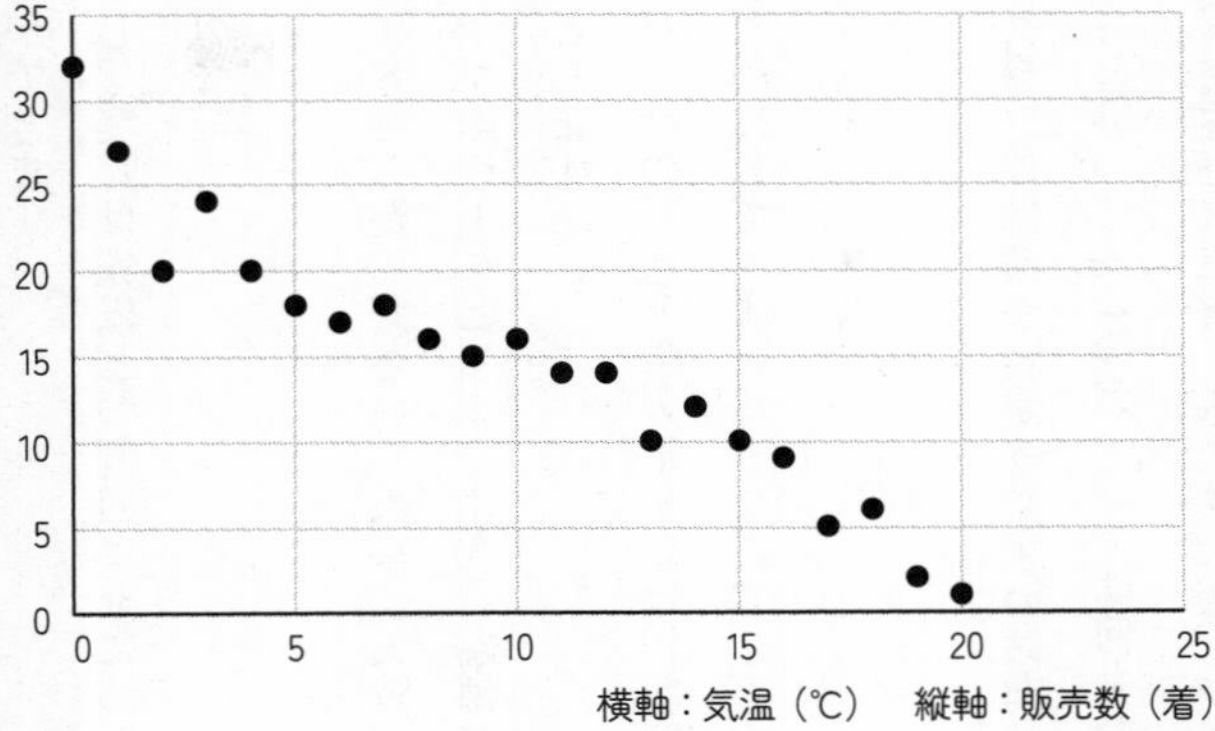

ビジネスにおいてこの相関関係の有無は重要な示唆を与えてくれることがあります。たとえば……、

勤務時間が少ない人ほど営業成績がいい

社歴の長い人ほど人事評価が悪くなっている

従業員を増やせば増やすほど経営が悪化している

もしこのようなことがデータで確かめられれば、その問題解決のためのヒントが得られたり、解決に向けて仮説を立てたりす

ることができます。
しかし、実際は先ほどの例のようにわかりやすい相関関係がすぐに見つかることはあまりありません。

図2-8をご覧ください。東京、大阪、名古屋、福岡の4都市に出店しているアパレルショップのデータとしましょう。縦軸が平均購入単価。横軸がメンバー登録してからの年数とします。

メンバー歴の長さと購入単価には相関関係があるのかを確かめるため、そのデータ分布を散布図にしてみました。ここでの平均購入単価とはメンバー歴ごとに総売上高を購入件数で割った値です。

このグラフでは何かわかりやすい傾向は見えてきません。

だからといって**「このデータでは何もわからない」と結論づけてしまうのは早計**です。

このような場面でこそ、私たちはサイズを意識したいものです。

図2−8 あるアパレルショップのメンバー歴と購入単価の散布図（全店舗合計）

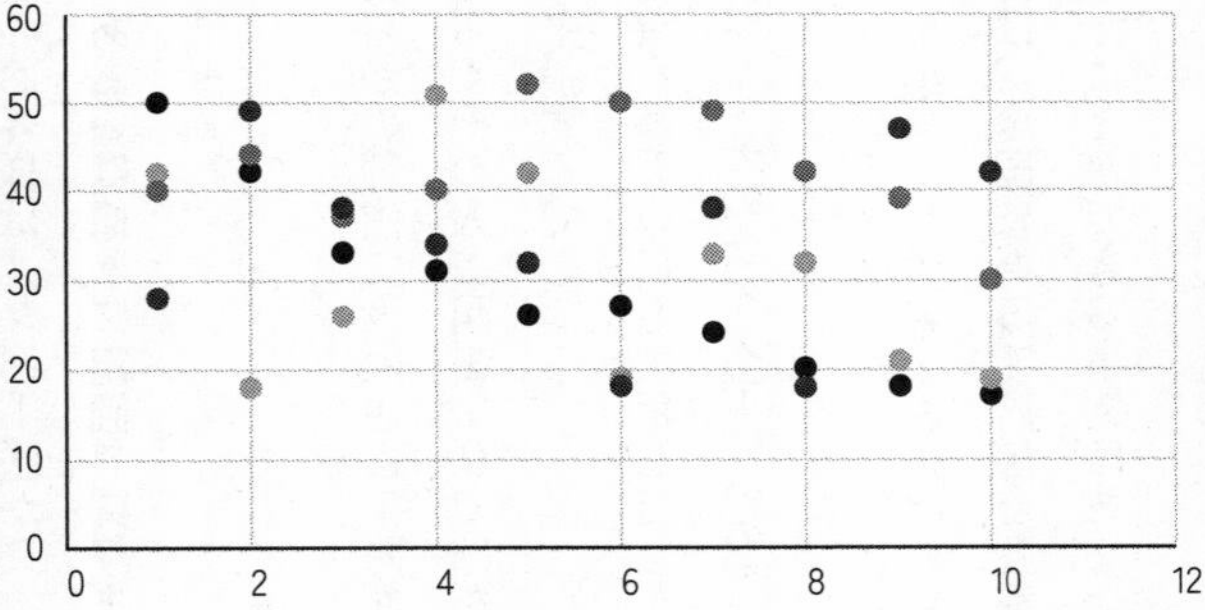

縦軸：平均購入単価（千円）　横軸：メンバー登録歴（年）

そもそも、なぜこのデータを全店舗で散布図にする必要があるのでしょうか。

全体の傾向を知ることも大事ですが、４都市それぞれの個性というものは必ずあるはずです。「４」ではなく「１」、つまり**サイズダウンして確かめてみるのはいかがでしょうか。**

もし４都市それぞれで散布図をつくったときに図２−９のような姿だとしたら、あなたはきっと大阪のデータに注目するでしょう。メンバー歴が長くなればなるほど購入単価が下がっている傾向がはっきりとわかります。

大阪店のお客様はメンバー歴が長くなればなるほど割引やセールをうまく活用しているのか、あるいは徐々に定価で買うまでの魅力はないと判断しているのか、調査が必要かもしれません。

もし何らかの理由で大阪店の下降傾向を表面化したくない（示したくない）人がいたら、おそらくその人は図2－9ではなく図2－8だけを見せて「特に傾向は見当たりません」と主張するでしょう。

この言葉を鵜呑みにして信じてしまうことがまさに「数字にだまされる」ということです。やはり**「そのサイズでいいの？」と疑う姿勢は非常に重要**ということになります。

サイズを小さくして考える際に有効なのが、**「分ける」という考え方**です。先ほどの例でいえば、全国にある4店舗を各都市にある1店舗ずつに分けるということです。「分ける」ことができる事例はあなたの身の回りにもたくさんあります。

図2－9 あるアパレルショップのメンバー歴と購入単価の散布図（店舗別）

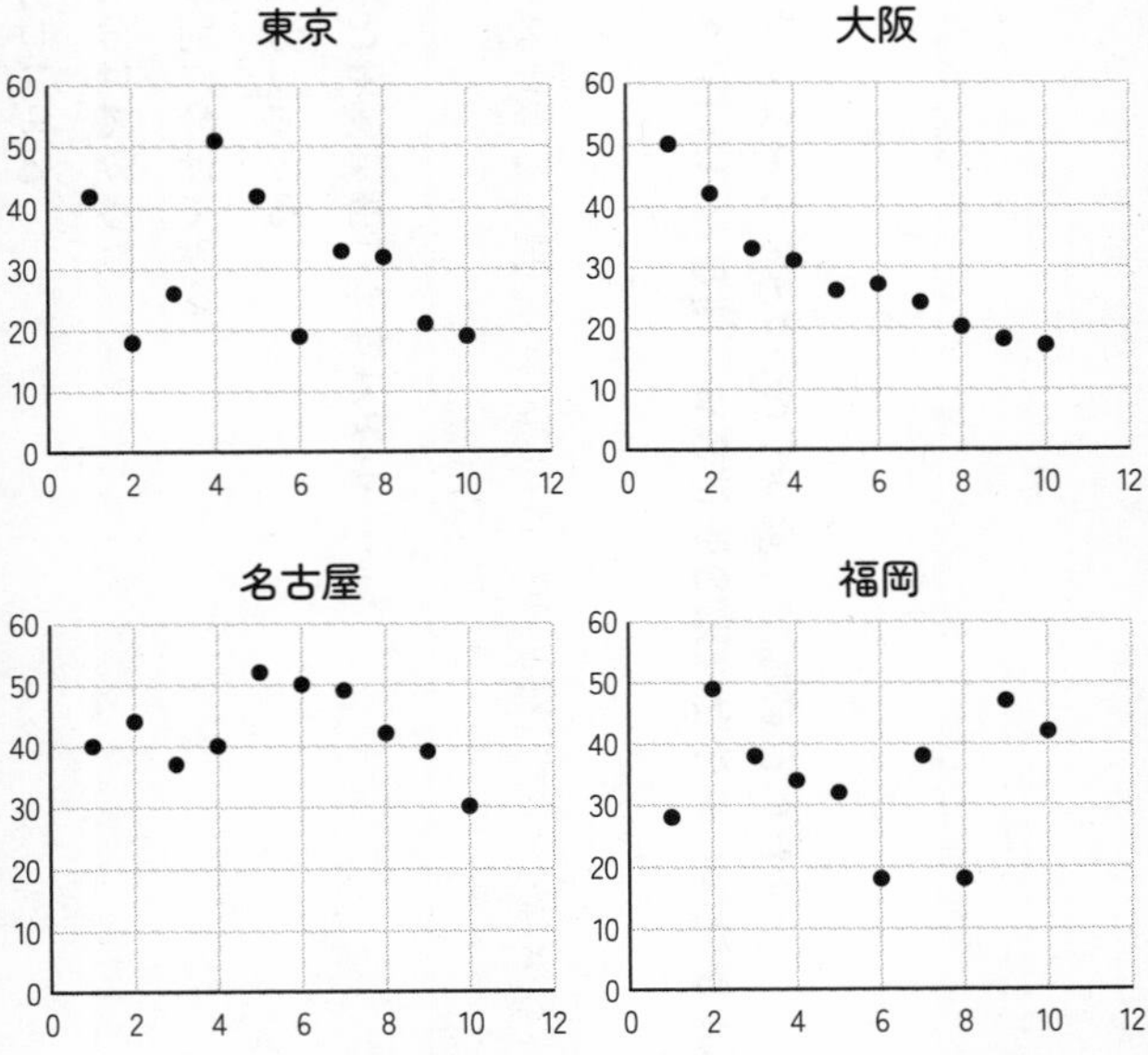

縦軸：平均購入単価（千円）　横軸：メンバー登録歴（年）

メンバー登録歴（年）	1	2	3	4	5	6	7	8	9	10
平均購入単価　東京　（千円）	42	18	26	51	42	19	33	32	21	19
平均購入単価　大阪　（千円）	50	42	33	31	26	27	24	20	18	17
平均購入単価　名古屋（千円）	40	44	37	40	52	50	49	42	39	30
平均購入単価　福岡　（千円）	28	49	38	34	32	18	38	18	47	42

男女に分けてみる
年齢別に分けてみる
都道府県別に分けてみる
階層別に分けてみる
新卒採用と中途採用に分けてみる……

常にサイズを疑い、細かく分けることを習慣にしてください。

POINT

「分ける」ことでそのデータの本当の姿がわかることがある。
「そのサイズでいいの？」という問いを習慣にしよう

6 「ざっくり」にだまされないための正しいツッコミ

お伝えしてきたように、サイズとは大きい（小さい）、あるいは広い（狭い）といったものです。そこでここでは「範囲」という言葉に焦点を当ててみようと思います。

あなたが部下から次のような報告を受けたとしましょう。

「今年度の営業利益はざっくり5億円を見込んでいます」

ビジネスシーンでよくある光景でしょう。ここで問いです。

あなたはこの報告を聞いて、実際の営業利益はいくらになると考えるでしょうか。

この部下は〝ざっくり〟という言葉を使っています。不確実な未来を予測するわけですから、ピッタリ5億円になるとは誰も思わないでしょう。問題はそこではありません。

4・9億円～5・1億円くらい？
4・5億円～5・5億円くらい？
4・0億円～6・0億円くらい？
1・0億円～9・0億円くらい？

これらすべて、ざっくり5億円と表現できるものではないでしょうか。だとすると、部下の〝ざっくり〟とあなたの〝ざっくり〟が一致していなければ認識違いが生まれることになります。

少々極端ですが、部下は1・0億円～9・0億円くらいの意味で伝えたつもりなのにあなたは4・9億円～5・1億円くらいのつもりで認識していたとしたら、そして実際に営業利益が1・0億円になってしまったらあなたはきっとこう思うでしょう。

「言っていた見込みとぜんぜん違うじゃないか！（だまされた）」

しかし部下はあなたをだましたつもりもごまかしたつもりもありません。実際、〝ざっくり〟という言葉を使って表現しています。ここからわかるのは、ビジネスでもよく使われる〝ざっくり〟という表現は便利であるがゆえに実に危険だということです。

あなたがこうした悲劇に見舞われないよう、会話に〝ざっくり〟が出てきた場合の対応策をお教えしましょう。

コツは、サイズ、すなわち範囲について共通認識を持つことです。**5億円という数字を「点」で捉えるのではなく、「範囲」で捉えます。**

具体的には次のような質問をしてください。

「前後、どれくらいのサイズを想定しておけばいい？」

ざっくり5億円といってもその意味は実にさまざまです。ピッタリ5億円になるなんてあり得ませんから、その数字からどれくらい誤差が出そうかを情報として掴むようにしましょう。

一方、部下のほうはサイズを数字で用意する手法（あるいはその発想）を持っていないかもしれません。そんなときは次のように誘導するといいでしょう。サイズを考えるためのヒントです。

ポジティブシナリオで考えたらどれくらいの数字になるか？
ネガティブシナリオで考えたらどれくらいの数字になるか？

不確実な未来を予測するわけですから、思考の過程ではさまざまな「どっちに転ぶかわからないこと」に答えを出す必要があります。

それら「どっちに転ぶかわからないこと」がすべていい方向に進むと仮定したら、いったいどれくらいの数字になりそうかを予測して数値化させます。文字通り、最高にポジティブなシナリオを想定するのです。

図2－10 ポジティブとネガティブの両面で考える

ざっくり
5億円 → ポジティブシナリオ 9億円
ネガティブシナリオ 1億円

同じ5億円でも
誤差のサイズが違う！

ざっくり
5億円 → ポジティブシナリオ 5.1億円
ネガティブシナリオ 4.9億円

逆にすべて悪い方向に進むと仮定したら、いったいどれくらいの数字になりそうかを予測して数値化させます。文字通り、最高にネガティブなシナリオを想定するのです。

その結果が4・9億円〜5・1億円くらいという数字であれば、ほぼ5億円と見込んで大丈夫そうだなと判断できます。

一方、1・0億円〜9・0億円くらいという結論なのであれば、最悪1・0億円での着地も想定しておかなければなりません。実際に数字が悪く、ネガティブシナリオに寄りそうな状況も想定してさまざまな対策や準備をしておくことが求められます。

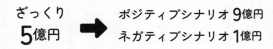

裏を返せば、想定してさえいればネガティブな状況になっても対応できます。まったく想定しておらず、5億円のつもりで結果的に1億円に着地することはたとえるなら事故のようなもの。ビジネスでは、「想定外」は絶対に避けたいものです。

最後に、本項で「範囲」という言葉に焦点を当てた理由を簡単にお伝えします。異論がある方もいることを承知で申し上げますが、私は**「予測は当たらないものである」**という価値観を持っています。

世の中の技術は進歩し、さまざまなものが数値で予測できるようになりました。天気予報などはその典型でしょうか。プロ野球の中継を観ていると、投手が次に投げるボールをＡＩが予測していたりします。

世界中で新型コロナウイルス感染症が拡大した当初は、数理モデルを使って感染者数の推移を予測する専門家をメディアでたくさん拝見しました。

学者や技術者はこれらの予測の精度を高めようと頑張っていらっしゃいます。もちろんそれに対してリスペクトをした上で、それでも私は「予測は当たらないものである」と思っています。

データを扱う分野として代表的なものが統計学です。その統計学の教科書を開くと、次の表現を頻繁に目にすることになります。

「○○の95％信頼区間は（マイナス1・96）以上、（プラス1・96）以下である」

本書は教科書ではありませんから、できるだけ読者に伝わる言葉を選び、厳密性や専門性を重視した表現を避けます。

その観点でこの1行を説明するなら、「ある数値○○がどれくらいかを予測したいとき、（マイナス1・96）から（プラス1・96）の間に入ると予言すればそれは95％の確率で当たります」ということです。つまり、この予言は5％の確率で外れることも意味します。

この話を通じてあなたにお伝えしたいことは次の2行です。

統計学は100%あたる予測を諦めたことで発展してきた。
5%外れることを許容することで逆に予測の精度を高めようとしてきた。

ビジネスでも、この考え方はそのまま当てはまると私は思っています。そもそもあたる予測などないと諦めることで、誰かの提示する予測値を鵜呑みにすることがなくなります。そして、その本当の意味を探ろうとしたり、数字を「点」ではなく「範囲」で捉えることで（ある意味で）予測の精度を高めることができるのです。

予測は当たらないもの。常に誤差を認め、数字は範囲で捉える感覚を持ちましょう。

POINT

数字を「点」で捉えるとだまされる。
ポジティブシナリオとネガティブシナリオで考えた結果を使い、「範囲」で捉えよう

7 「その数字、なんかおかしいな」と気づけるために必要なこと

ここからは「違和感」をキーワードに話を進めましょう。

実は数字にだまされない人は、「その数字、なんかおかしいな」とすぐに違和感を持てる人です。たとえば次の1行を読んでください。

「昨年、国内で行われた結婚式の数はおよそ1億件になります」

あなたはすぐに「おかしい」「そんなに多いはずがない」と思うでしょう。

経済産業省の「特定サービス産業動態統計調査」によると、2020年の結婚式場の売上高は前年比56・0％減の1116億円、取扱件数は前年比57・4％減の3万6783件とのこと。

あなたの違和感は正しいということになります。

ここで重要なのは、なぜあなたはその違和感を持つことができたかということです。あなたは日本の人口がおよそ1・3億人であることをご存じのはずです。その数字が頭の中にあり、1億件という数字と比較したからこそ違和感を持ったのでしょう。裏を返すと、日本の人口という数字を知らなければ、結婚式の件数は1億件というメッセージを信じてしまうかもしれないことになります。

「その数字、なんかおかしいな」とすぐに気づける人は、いろんな数字を知っている人なのです。

ここで遊び感覚で楽しめるクイズを10問ご用意しました。クイズ番組に参加する気持ちで、楽しくチャレンジしてみてください。

ビジネスパーソン向けの内容になっていますが、学生の方などは自分の目指す業界や興味のある企業などを対象にしてみましょう。それでは始めます。

Q1　全世界の人口は？
Q2　中国の人口は？
Q3　あなたが所属する会社の年間売上高は？
Q4　同じく利益は？
Q5　もしあればその会社のSNSアカウントのフォロワー数は？
Q6　その会社が属する市場の規模は？
Q7　その市場の成長率は？
Q8　トヨタ自動車の年間売上高は？
Q9　同じく利益は？
Q10　同じく従業員数は？

いかがでしたでしょうか。出題の意図と共に少しだけ解説をすることにいたします。

そもそもビジネスとは人やお金を使い、人やお金を動かす営みです。当然ですがそれは全世界という大きな土俵の上で行われています。まずはその土俵に何人いるのかを知っていることは最低限必要なことだと思います。

世界の人口はおよそ80億人（２０２２年）であり、そのうち中国はおよそ14億人とされています。これからビジネスで近隣の中国と関係を持つ方もいるでしょう。基本ということでこのような数字は知っておきたいところです。

次に自分が所属する会社のことについて。当然のようにスラスラ数字が出てくる人もいますが、「実はよくわかっていない」「正確には把握していない」とおっしゃるビジネスパーソンも少なからずいます。

社内での対話で正しく違和感を持てるよう、最低限の数字は知識として持っておきたいところです。

SNSのフォロワー数とは、わかりやすくその企業のファンの数を示すと考えられます。この数字を知らないということは、単純に自社のファンの数について感度が低いということになります。

また、そのアカウントが開設して5年経つにもかかわらずフォロワーが5000人だとして、ある社員が「うちの会社のファンは全国にざっと5万人いるはずだ」と主張したら、すぐに「それはおかしい」と指摘することができるでしょう。

市場規模や成長率についてもぜひ押さえておきましょう。市場全体が10%ずつ成長している状態であれば、会社としても利益10%増を目標にするのは自然なことです。しかし市場全体が20%ずつ縮小しているきわめて厳しい状況において、その中で戦う会社が10%の成長を見込むというのは少しばかり違和感があります。

「ちょっとおかしくないか?」と指摘をし、事業計画が絵に描いた餅になっていないかを精査すべきかもしれません。

トヨタ自動車の数字は次の通りです。

２０２１年４月１日から２０２２年３月31日まで

営業収益（売上）　31兆３７９５億円

営業利益　２兆９９５６億円

税引前利益　３兆９９０５億円

従業員数　37万２８１７人

トヨタ自動車の数字をクイズのテーマにしたのは、誰もがすぐに具体的なイメージが湧き、かつ日本を代表する生産性の高い企業だからです。トヨタはどれくらいなのか、トヨタと比べてどうなのか、という感覚は日本で働くビジネスパーソンとして持っておきたいところです。

ただし、この数字とあなたが所属する会社の数字を単純に比較しても意味がないかもしれません。そもそも事業内容が異なる場合や、あまりに規模感が異なる可能性もあります。そこで一人当たりの数字に変換することで、**量ではなく質で比較**します。

一人当たり営業収益（売上）　0・84億円（8400万円）
一人当たり営業利益　0・08億円（8000万円）
一人当たり税引前利益　0・10億円（1000万円）

トヨタは従業員ひとりが年間800万円から1000万円の価値を創出していることになります。また、あるデータでは同社の平均給与は865万円とのこと。生み出した価値ともらう報酬の規模感が一致していることになり、個人的にはとても美しいと思います。

あなたが所属する会社の事業計画で一人当たり営業利益が0・08億円より高い数字であれば、それはトヨタより生産性の高い事業をするということになります。もちろんそれが実現されれば素晴らしいことですが、もしかしたら「この事業計画、なんかおかしいな」「本当に実現性ある計画なのかな」と気づくきっかけになるかもしれません。

会社から従業員の給与設定について非常識な提案があっても、「その設定はおかしい」や**「ひとつの基準としてトヨタの数字はこうです」と指摘することもできる**でしょう。

数字にだまされない人は、「その数字、なんかおかしいな」とすぐに気づける人です。

今の仕事に関連する最低限の数字はしっかり知識として持っておきましょう。

POINT

所属する会社や業界、代表的な企業などの数字はぜひ知っておく。そのモノサシがあなたに「違和感」をもたらしてくれる

8 レビューサイトのスコアは そのまま鵜呑みにしない

引き続きキーワードを「違和感」とします。

前項でお伝えしたように、数字にだまされない人は、「その数字、なんかおかしいな」とすぐに気づける人です。

たとえばネット書店での書籍の評価スコアを例にします。このネット書店は読者が5段階でスコアをつけ、**その平均値を代表値としている**としましょう。

「ある書籍のスコアが5点満点の4・8だった。これは絶対にいい本だ！」

これを読んで「確かにそうだ！」と思ってしまう人と「なんかおかしいな」と思える人がいます。その違いは、統計的な感覚を持っているか否かです。

先に述べたように、本書は統計学などの学問をするためのものではありませんから、以降もできるだけ伝わる言葉を選び、厳密性や専門性を重視した表現を避けます。

ここで申し上げる統計的な感覚をきわめて大雑把にいうなら、「この世の中は、あまりに極端なことは起こらない世界だと思って差し支えない」となります。

あなたが街中を歩いていて、極端に身長の高い人（たとえば190cm）に出会うことは滅多にないでしょう。だいたい170cm前後の人が多いはずです。なぜかいつも190cmの人にばかり会うなんてことは、現実の世界では考えにくいのです。

統計的な感覚で表現するならば、世の中の比率は「2：6：2」。そうなっているのです。

たとえばごく普通の会社であれば、職場にいるメンバーのおよそ2割はその会社のことが好きであり、6割は好きでも嫌いでもなくフラットな感情を持っています。そして残りの2割は（実は）その会社に何かしらの不満を持っているはずです。

この法則を使ってきわめて大雑把に説明すると、どれだけイケメンの俳優さんでも、どれだけ好感度の高い女優さんでも、必ずアンチはいます。ファンの人が2割、アンチの人も2割、どちらでもない人たちが6割いると考えられるのです。

この話を先ほどの評価スコアの話につなげましょう。

書籍（あるいはその書籍の著者）にはファンの人が2割、アンチの人も2割、どちらでもない人たちが6割いると仮定できます。特にベストセラーといわれる書籍ほど、この傾向は強いでしょう。

そう考えると、私はこの「5点満点の4・8」という数字には強い違和感を覚えるのです。

その違和感の正体を数字で確かめてみることにします。

図2－11をご覧ください。

図2－11 割合と確率から書き込む人数を考えると

	世の中の比率	スコア	割合	実際に書き込む確率	読者100人に対して実際に書き込む人数
ファン	20%	5	70%	90%	12.6
		4	20%	70%	2.8
		3	10%	60%	1.2
		2	0%	0%	0
		1	0%	0%	0
普通	60%	5	10%	70%	4.2
		4	20%	60%	7.2
		3	40%	50%	12.0
		2	20%	40%	4.8
		1	10%	30%	1.8
アンチ	20%	5	0%	0%	0
		4	0%	0%	0
		3	10%	0%	0
		2	20%	0%	0
		1	70%	10%	1.4

まず2割のファンの中に、スコア「5」と評価する人は7割いると仮定します。ファンならば応援したいと考えるはずですから、その高いスコアのレビューを実際に書き込む可能性もきわめて高いでしょう。そこでその確率を90%と仮定します。

同じようにスコア「4」「3」についても割合と確率を設定します。ファンの中にスコア「2」「1」と評価しレビューを書き込む人がいることは考えにくいのでこのように数字を設定します。

ファンでもアンチでもない6割についてはそれぞれのスコアをつける人の割合をバランスよく仮定し、スコア「5」は70%の確率で実際にレビューを書き込み、残念ながら不満だった読者がスコア「1」のレビューを実際に書き込む確率は30%としました。

これは私の主観も入りますが、一般的にこうしたレビューは比較的満足した人が積極的に書き込むものではないかと思います。

満足できなかった人がわざわざ時間と労力をかけて積極的にレビューの書き込みをすることは考えにくく、特に何もしないのが実態ではないでしょうか。

ただし残り2割のアンチには積極的に低いスコアを書き込む可能性がある人たちがいます。アンチがスコア「5」「4」といった高評価をすることは考えにくく、かつアンチであれば実際に書き込むのは（残念ながら）何かしら悪意も込められたスコア「1」の場合だけのように思います。

以上の数字をもとに、それぞれの場合でのレビューを書き込む人数の理論値を計算します。

たとえば読者が100人だとすると、ファンでなおかつスコア「5」のレビューを書き込む人数は次の計算で求められます。

100（人）×20％×70％×90％＝12・6（人）

同様にしてすべての場合で計算し、スコア「5」「4」「3」「2」「1」それぞれの合計値を算出します（図2－12）。

図2－12　理論値から導かれる平均スコア

A：スコア	B：読者100人に対して実際に書き込む人数	A×B
5	16.8	84.0
4	10.0	40.0
3	13.2	39.6
2	4.8	9.6
1	3.2	3.2
合計	48	176.4
	平均スコア →	3.675

・100人のうちスコア「5」をつける人の理論値は16・8人（12・6＋4・2＋0）
・100人のうちスコア「4」をつける人の理論値は10・0人（2・8＋7・2＋0）
・100人のうちスコア「3」をつける人の理論値は13・2人（1・2＋12・0＋0）
・100人のうちスコア「2」をつける人の理論値は4・8人（0＋4・8＋0）
・100人のうちスコア「1」をつける人の理論値は3・2人（0＋1・8＋1・4）

この5つを合計することで、100人のうち実際にレビューを書き込むのは48人となります。さらに書き込まれたスコアの合計値は図2－12のように176・4となります。したがってこの48人の平均スコアは次のような数字になります。

176・4÷48＝3・675

つまり私がした仮定のもとでは、平均スコアがおよそ3・7ということになります。**統計的な感覚で表現するならこれが自然な数字なのです。**

裏を返せば、冒頭で登場した4・8という数字はかなり不自然だということになります。そのまま鵜呑みにすることなく、たとえば一部のファンが大量かつ作為的にレビューを投稿したり、スコアを操作したりしている可能性も疑うことができるでしょう。

なお、本項はあるネット書店が仮に読者からの5段階スコアの**平均値を代表値として**いる場合の解説でした。つまり**統計的な操作により得られた数字に対し、あくまで統計**

的な視点で違和感を持ったことの例です。

しかし現実の話をすると、あるネット書店では実は代表値は平均値ではなく独自のロジックで数値化したものであるといわれています。その場合はご紹介した統計的なアプローチは有効ではないことを補足しておきます。そういう意味でも、やはりその数字の定義を確認することはとても大切ですね。

ポイントをまとめます。

世の中は「2：6：2」という比率でできています。そういうものなのです。あまりに極端なことはそうそう起こらないし、それを示す数字に出会ったらまずは疑うくらいの感覚でちょうどいいのです。

POINT

「2：6：2」に当てはめて考えることが「違和感」をもたらしてくれる。
極端な数字はすぐに疑う習慣を持つ

9 「本当か？」と思ったときに使えるアサンプションベース思考

一般論ですが、「だまされる」は曖昧な表現でごまかされるときに起こります。

「好調です」
「まあまあいい感じです」
「なんとかなると思います」

このような言葉を鵜呑みにして、蓋を開けたらまったく状況が異なっていたということもよくあります。ならば、だまされないために必要なことはたったひとつ。

こうした曖昧な表現については厳しい姿勢でいること。

具体的には、**数字に落とし込んで実態を確かめる**ことです。

たとえば前項で、私は実際にレビューを書き込む確率を主観で数値化しました。

ほぼ書き込むだろう＝90％
半分は書き込むだろう＝50％
まず書き込まないだろう＝０％

これは「ほぼ」「半分」「まず〜ない」といった曖昧な表現を許さず、数字に落とし込む行為に他なりません。そしてこの数字はあくまで私が仮定した数字になります。このように定性的な表現を定量的な表現でいったん仮定し、数字をベースにして物事を考えることを私は「アサンプションベース思考」と呼んでいます。アサンプションとは仮定、想定の意味。アサンプションベース思考とは私が独自で使っている造語と思ってください。

実はこのアサンプションベース思考が**数字にだまされないための強力なツール**になってくれます。簡単な例で説明しましょう。

図2－13　事前アンケートの結果

	回答数	割合
必ず行く	351	17.6%
行きたい	473	23.7%
なんとも言えない	753	37.7%
行きたくない	256	12.8%
絶対に行きたくない	167	8.4%
	2000	

会員が2000人いるコミュニティでイベントが企画されました。集客の担当者が会員に事前アンケートをとり、その結果も踏まえて「会員の反応はおおむね良好です。おそらく半数にあたる1000人は集客できると思います」と発言しました。

もちろん、この言葉をそのまま鵜呑みにするわけにはいきません。本当に1000人の集客が見込めるのか、その根拠はあるのか、実態を確かめる必要があります。

事前アンケートの集計結果を確認すると、図2－13のような数字でした。

さて、あなたならこの数字だけで「1000人の集客が見込める」という説明を信じることができるでしょうか。

私は、すぐに違和感を持ちました。「なんとも言えない」というきわめて曖昧な回答が40％近くを占めるからです。

そこで、この選択肢である「必ず行く」「行きたい」「なんとも言えない」「行きたくない」「絶対に行きたくない」という表現をアサンプションベース思考で数字に落とし込んでみます。さらに、集客数という不確実な数字の予測になるので、先に紹介した**ポジティブシナリオとネガティブシナリオの2パターンを考えてみる**ことにします。

まずはポジティブシナリオから。「必ず行く」はもちろん100％の確率で来る人たちと考えていいでしょう。これを基準にして、他の数字を仮定していきます。

「絶対に行きたくない」と答えている167人はいくらポジティブに考えても、実際に来る可能性はゼロと考えるのが自然でしょう。

同様にネガティブシナリオも数字で仮定します。ポジティブシナリオと比較しながら、

図2－14 シナリオごとの集客数

		必ず○	○	△	×	絶対に×	
回答数		351	473	753	256	167	
シェア		17.6%	23.7%	37.7%	12.8%	8.4%	
ポジティブ	実際に来る確率	100%	80%	50%	10%	0%	
	来る人数	351	378	377	26	0	1132
ネガティブ	実際に来る確率	70%	50%	20%	0%	0%	
	来る人数	246	237	151	0	0	634

それより小さい数字を仮定していくことになります。

確率の設定ができたら、実際の集客数の予測値を計算していきます。最後にそれぞれのシナリオの合計値を計算すると次のようになります（いずれも小数点以下四捨五入）。

［ポジティブシナリオ］

「必ず行く」：351×100％＝351人

「行きたい」：473×80％＝378人

「なんとも言えない」：753×50％＝377人

「行きたくない」：256×10％＝26人
「絶対に行きたくない」：167×0％＝0人

［ネガティブシナリオ］
「必ず行く」：351×70％＝246人
「行きたい」：473×50％＝237人
「なんとも言えない」：753×20％＝151人
「行きたくない」：256×0％＝0人
「絶対に行きたくない」：167×0％＝0人

［集客の予測値］
ポジティブシナリオ：351＋378＋377＋26＋0＝1132人
ネガティブシナリオ：246＋237＋151＋0＋0＝634人

実際の集客数はこの範囲に入ると解釈でき、2つの平均値をとると883人となります。担当者の言葉にあった「1000人の集客が見込める」という説明は、あり得ないことではありませんが、かなり楽観的なシナリオでないと実現できない数字ということになります。

私がこのイベントの関係者であれば、この主張を信じるには材料が足りないと指摘をすることになるでしょう。

この例のように、根拠もなく「可能です」「これくらい達成できます」といった発言を聞く場面は少なくありません。

そんなとき、数字を仮定することで主張に違和感がないかを確かめる方法を使えば、現実的にはどうかを冷静に見極めることができます。違和感があれば「その主張はおかしい」と自信を持って指摘することができるはずです。

相手は決してあなたをだまそうとしているわけではありません。しかし曖昧な表現だけのコミュニケーションを許しそれを鵜呑みにしてしまうと、最終的にはあなたが間違った情報を伝えられたことになり、だまされた状態と同じことになってしまいます。

「本当だろうか」「おかしいな」と思ったときはぜひその違和感を大切にして、アサンプションベース思考を始めてみてください。

POINT

定性的な表現を定量的な表現に変換して確かめてみる

10 わかりやすい法則に飛びつかないための思考法

人がだまされるとき、そこにはわかりやすい法則があるように思います。そして私たちの周囲は、このような「わかりやすい法則」で溢れています。いくつか例を挙げてみましょう。

「読書量の多い人ほど、年収は高い」
「数学が得意な人は、理科も得意だ」
「運動不足な人ほど、体重は多い」……

日常生活においてこのようなもっともらしい言葉を耳にすることはよくありますし、つい納得してしまいたくもなります。しかし、本当にそうなのでしょうか。

あえて意地悪な視点で、これらの表現にツッコミを入れてみます。

「読書量の多い人ほど、年収は高い」

↓では書評家や書評ブロガーと呼ばれる人たちがもっとも年収が高いのでしょうか。年収の低い人は本を読んでいないといっていることと同じですが、本当にそれは正しいのでしょうか。

「数学が得意な人は、理科も得意だ」

↓私はこれまで何度も「数学が得意だったのなら（理系出身者なのだから）、理科も成績がよかったですよね？」と質問された経験があります。しかし残念ながら、私自身は理科はそれほど好きではありませんでしたし、成績も数学ほどよかったわけではありません。このようなある種の〝決めつけ〟こそ、「わかりやすい法則」によって生まれるものだと思います。

「運動不足な人ほど、体重は多い」

↓2020年以降のコロナ禍の中で、運動不足な人が世界的にとても増えたのではないでしょうか。その増え方と同じくらい、人類の体重も増えているのかは疑わしいですね。あるいは力士やラグビー選手などは体重が多いですが、彼らは運動不足といっていいのでしょうか。

申し上げたように、かなり意地悪な視点でツッコミを入れました。しかし私は「これくらい意地悪な視点」を持ったほうがいいと思っています。だまされて損をするのは、他でもない自分自身ですから。

常に疑う視点を持ち、事実を数字で確かめる。**正しい主張だと示すデータが存在するとき、初めて「確かにそうだね」と受け入れればいい**のです。

私はこのような「わかりやすい法則」の本質は、単純化だと思っています。たとえば、読書量と年収の関係。実際は複雑で、簡単に説明ができるものではないように思います。しかし「読書量の多い人ほど、年収は高い」という表現はとてもわかりやすく、そのようなシンプルな法則があればつい「きっとそうだろう」と思いたくなってしまいます。

人は誰しも複雑であることよりは単純であることを好むものではないでしょうか。好むものが目の前に現れたら、それに飛びつきたくなる。人間とはそういうもののような気がします。単純化された「わかりやすい法則」に飛びつきたくなる欲求はあなたにも必ずあります。その欲求に負けないためには、先ほどの私のように意地悪な視点を持つくらいでちょうどいいのです。

実はこの「わかりやすい法則」にだまされないための例は本書ですでに紹介していま す。一例が、第1章に登場した、ある人気商品の広告を見たことがある人のうち購入者がどれほどいるかを調査した事例です。復習も兼ねて説明しましょう。

広告を見た100人のうちなんと80人が商品を購入したことがあると答えた。この結果を見た担当者は思わず「やっぱり広告を出すことは有効だ」と主張した。

果たしてこの主張は本当に正しいのでしょうか。

ここで重要なことは、「広告を出すと購入者が増える」はきわめてわかりやすい法則であることです。ビジネスパーソンであってもなくても、広告を出せば購入者が増えるのが当然と思い込んでいます。もちろん実際はそんな単純な話ではありません。しかし、私たちはついこの単純な話を結論にしてしまおうとするのです。

この事例では、広告を見た100人のうち購入したのが80人で購入していないのが20人です。比較した結果4倍も違うので、広告は有効だと担当者は主張しています。

けれど、このわかりやすい結論を鵜呑みにせず、あえて意地悪な視点を持ち込んでみましょう。第1章で紹介した「逆は?」や「一方で?」という自問自答が有効です。

この100人はあくまで広告を見たことがある人たちです。ということは、逆に広告を見たことがない人たちはどうなんだろうという発想が生まれます。

広告を見ていない100人に調査した結果、85人が購入しているという結果が出たと

図2－15　「広告で売れた」の信頼性は

	購入した	購入していない	
広告を見た	80	20	購入者比率80%
広告を見ていない	85	15	購入者比率85%

したら、図2－15の表が完成します。

広告を見た人たちよりも広告を見ていない人たちの購入率が高くなります。「やっぱり広告を出すことは有効だ」という主張はきわめて疑わしく、広告と購入に関係はないのではという仮説も成り立ちます。わかりやすい法則を鵜呑みにしなかったからこそ導けた仮説といえます。

「わかりやすい法則」のワナはたくさんあります。その典型が例に挙げたような表現なのです。

「読書量の多い人ほど、年収は高い」

「数学が得意な人は、理科も得意だ」
「運動不足な人ほど、体重は多い」
「広告量を増やせば、購入者は増える」

このような表現を耳にしたときは、ぜひ意地悪な視点を持って事実を確かめるようにしましょう。

ちなみに「そうとは限らないのでは？」と考える習慣を身につけ、だまされないためのちょっとしたテクニックをご紹介しておきます。

一般的に、「AならばBである」という表現が正しければ、「BでなければAではない」という表現も必ず正しい内容になっています。

次の例で確認してください。

「東京都内に住んでいる人は、日本国内に住んでいる」→正しい

「日本国内に住んでいない人は、東京都内に住んでいない」　↓正しい

この考え方を知っていると、たとえば先ほどの4つの表現はこう変換できます。

「年収が低い人ほど、読書量は少ない」

「理科が不得意な人ほど、数学も不得意だ」

「体重が少ない人ほど、運動をしている」

「購入者が減っているときほど、広告量が少ない」

変換されたこの内容が正しくなければ、もとの表現も正しくないと結論づけて構いません。この内容に違和感があれば、もとの表現にも違和感を持つということです。典型的なのは4番目でしょうか。購入者が減ることの理由が広告の量とは限らない。ビジネスパーソンなら誰でも頷く真実です。そして先ほどご紹介した私の「意地悪なツッコミ」がどのようにして生まれたのかもきっとおわかりいただけるでしょう。

余談ですが、このテクニックは数学で学ぶ**「対偶」**と呼ばれる考え方に基づきます。「対偶」はある主張が論理的に正しいかどうかを判断する際に使われます。一方、相手にだまされないための確認作業とは、まさにその主張が正しいかどうかを判断する行為に他なりません。学生時代に学んだ数学のほんの一部が、今もビジネスパーソンの武器になっていることを申し添えておきます。

POINT

「わかりやすい法則」に飛びつきたい欲求に負けない。特に「AならばBである」という形の主張に注意する

11 データサイエンスでも使われる「2×2マトリクス」の実力

第1章で紹介した「2×2マトリクス」を覚えているでしょうか。前項でも再び登場しました。数字にだまされないための強力なツールであることを改めてご確認いただけたと思います。

本章の最後に、この「2×2マトリクス」がデータサイエンスの世界でも大活躍していることについて触れたいと思います。あなたが数字にだまされないためのヒントを提供することが目的ですが、ほんの少しだけデータサイエンスの世界を覗き見ていただければと思います。

癌の診断をしているある医師が次のように主張したとします。

「私のところに来た癌の疑いがある患者のうち45人は実際に癌だったが、その45人とも私はしっかり〝癌である〟と判定している。つまり確率100%であり、私の診断はきわめて正確で信頼性あるものだ」

さて、あなたはこの医師の発言をどのように判断しますか。

ここまで本書を読んでくださった方は、この医師の主張に対して**「そうとは限らないのでは?」と疑うことができる**はずです。

この医師は実際に癌だった45人に対して診断をし、その45人すべてに〝癌である〟と診断しています。そこで「一方で?」あるいは「逆に?」といった視点を持ちます。

一方で、実際には癌ではなかった人に対しての診断結果はどうだったのでしょう。その比較をしないことには、この医師の主張が妥当かどうかは判断できません。実際の数字を確認したものが図2-16です。

図2−16 「医師の診断」の信頼性は

		診断	
		YES	NO
実際	YES	45	0
	NO	54	1

実際に診断した患者が合計100人いたとして、癌ではなかった人が55人、そのうち〝癌である〟と診断してしまったケースが54人もいたとします。つまり癌ではない人に正しく〝癌ではない〟と診断できたケースはわずかひとりです。

果たしてこの医師の診断はきわめて正確で信頼性あるものと結論づけていいのでしょうか。私の答えはもちろん「NO」です。

ところで、データサイエンスの分野ではこのような2×2のマトリクスを混同行列(Confusion Matrix)と呼ぶことがあります。先ほどの例のように「YES・NO」「1・0」「あり・なし」といった判別を必要とする場面で使われるものです。

その精度を説明する際には3つの指標が使われます。

Accuracy（正解率）：全データのうち、YES（NO）と予測して実際にYES（NO）だった割合

Precision（適合率）：YESと予測したデータのうち、実際にYESであった割合

Recall（再現率）：実際にYESであったデータのうち、YESと予測できた割合

これらの数字がどれもバランスよく高いものを「質が高い」と判断します。なぜこのような考え方をするかというと、もし4つの数字の中に極端に大きい（小さい）数字があると、その値に引っ張られて正解率は高いのに再現率が極端に低かったり、再現率は高いのに適合率は極端に低い、といったことが起こります。「正解率が高い＝よい」という短絡的な判断をしないよう、さまざまな角度から数字で

評価することで総合的にバランスのいいものを評価すると考えるのです。これも立派な「だまされない」ための視点といえます。

実際に先ほどの例を使って数字を計算してみましょう。小数第3位を四捨五入しています。

Accuracy（正解率）：（45＋1）÷100＝46÷100＝0.46
Precision（適合率）：45÷（45＋54）＝45÷99＝0.45
Recall（再現率）：45÷（45＋0）＝45÷45＝1.00

再現率は高いにもかかわらず、正解率や適合率はあまり高くありません。その理由は、この医師がほとんどの患者を〝癌である〟と診断してしまっていることです。そう診断した99人のうち半分以上が実際は癌ではなかったのですから、診断の精度は高くないと評価するべきです。そのことをしっかり数字が教えてくれるのです。

前述したように、このような仕組みは「YES・NO」「1・0」「あり・なし」といった判別を必要とする場面で使われています。スパムメールの判定などがその最たる例で、特に適合率が重要視されます。実際はスパムでないものをスパムと判定することは、大事なメールが迷惑メールフォルダに振り分けられてしまう事態を招くからです。

余談ですが、もし適合率と再現率いずれも重視したい場合はこの2つの数字を使い、どちらもバランスよく高いほどスコアが高くなる指標としてF1スコア（F値）と呼ばれるものを定義します。

F1スコア＝｛2×（適合率）×（再現率）｝÷｛（適合率）＋（再現率）｝

※必ず0～1（0％～100％）の数字になる

※（適合率）か（再現率）のどちらかゼロならば必ずゼロになる

たとえば適合率が1・0で再現率が0・1といったバランスの悪いケースでは、F1スコアは次のようになり、そのバランスの悪さが低いスコアとして表現されます。

｛2×1・0×0・1｝÷｛1・0＋0・1｝＝0・2÷1・1＝0・18（小数第3位を四捨五入）

参考までに先ほどの医師の例におけるF1スコアは次のようになります。

｛2×0・45×1・00｝÷｛0・45＋1・00｝＝0・9÷1・45＝0・62（小数第3位を四捨五入）

このスコアだけ見れば「まずまず」と評価できるかもしれませんが、一方で正解率が0・46であることを踏まえて総合的に評価するなら、やはりこの医師の診断がきわめて高い精度であるとは評価できないとするのが妥当でしょう。

このように複数の数字を確かめて総合的に評価することで、だまされることなく実態を正しく捉えることができます。

データサイエンスと聞くとあまり馴染みがないかもしれませんが、そこで使われている考え方には本書でお伝えしている「だまされないための視点」が用いられています。興味を持たれた方は、ぜひ書籍などを通して学ばれてみてはいかがでしょうか。

そろそろ第2章をまとめましょう。振り返るといくつかキーワードがありました。

定義
サイズ
違和感

こうした言葉が出るたびに、私はこれらを「習慣にしましょう」とお伝えしていました。癖にする。継続する。やはりそれが定着のための唯一の方法だと思います。

定義を確かめる。そのサイズでいいのかを疑う。違和感を無視しない。今日からすぐにできることだと思います。月並みな言葉ですが、まずはひとつでもいいのでチャレンジしてみましょう。

POINT

データサイエンスは知らなくても、データサイエンスで使われている思考法は今すぐ使える

データ参照元

●株式会社KEIアドバンス(「PR TIMES」掲載):
2022年版 QS Graduate Employability Rankings発表
日本の大学がエンプロイヤビリティでアジアをリード
https://prtimes.jp/main/html/rd/p/000000017.000051856.html

●ねとらぼ調査隊:
就職に強い国内の大学ランキングTOP20!
1位の「東京大学」に次ぐ第2位の大学は?【2021年データ】
https://nlab.itmedia.co.jp/research/articles/426399/

●東洋経済オンライン:
最新!「有名企業への就職に強い大学」トップ200校
https://toyokeizai.net/articles/-/459513

●GLOBAL NOTE:殺人発生率
https://www.globalnote.jp/p-data-g/?dno=1200&post_no=1697

●一般社団法人福岡デンマーク協会:幸福度の測り方
https://fda-japan.org/esse-17/

●トヨタ自動車株式会社:2022年3月期　決算要旨
https://global.toyota/pages/global_toyota/ir/financial-results/2022_4q_summary_jp.pdf

●転職エージェントが語るすべらない転職:
トヨタ自動車の平均年収はなぜ858万?
ボーナスや残業代も大公開!
https://axxis.co.jp/magazine/54680

第3章

数字の裏にある「人の心理」を読み解く

1 数字がだますのではなく、人間がだます

まずは第1章でお伝えしたことを少しだけ復習しましょう。

あなたに数字を提示する相手は2種類います。意図的にあなたをだまそうとしている人と、だまそうとは思っていない人です。相手がどちらに属するのか判断することは現実的には難しい話です。だから、どちらにせよ、私たちは示された数字を正しく読み解くことができればいい、という内容でした。

一方で、本書で目指すものは「あなたをだまそうとしている人」の提示する数字を正しく読み解き、だまされないようになることでもあります（図1－1参照）。

ならば、やはり「あなたをだまそうとしている人」について考察することは重要となるでしょう。

この第3章の主役は「数字」ではなく「人間」です。もう少し具体的にいうなら、「人の心理」となります。

だまそうとする人にはいったいどんな感情があるのか、どんな意図を持っているのかを理解することで、あなたがだまされる可能性をできるだけゼロに近づけることが本章の目的です。

早速ですが、ひとつ質問です。

Q　だます人は、何をしているのでしょうか。

妙な問いだと思われたかもしれません。だます人なのですから「だます」という行為をしていると考えるのが普通でしょう。しかし、ここで考えたいのは「だます」という行為の本質です。「だます」という行為の裏には、人間のどんな意図があるのでしょうか。

私の答えはこうです。

A 隠す

「だます」とは「隠す」だと、私は思っています。

たとえば私は小学生の頃、学校でテストの答案が返却されると必ず親にも見せるようにしていました。親が見せることをルールにしていた気もします。

正直に告白すると、たまに（悪い点数のときは）見せずにカバンの中や机の引き出しに隠していたこともありました。悪い点数を見せて怒られたくないし、常にいい点数をとる優等生だと思い込ませたかったからです。これこそまさに親をだましているといえる行為ですが、している行為は「隠す」です。

別の例を挙げましょう。マジシャンです。マジシャンが観客をだます仕事だと申し上げたいわけではありません。ただ、そのパフォーマンスの本質は相手をだますことではないでしょうか。何か隠したいものがあるとき、マジシャンは観客の目線を巧妙に表に引きつけ、隠したいものはこっそり裏に配置させます。観客の視界に入らないように隠す行為に他なりません。

実はここまで紹介してきた数々の数字にだまされる事例も、本質はすべて「隠す」なのです。そして究極までシンプルにするならば、「隠す」には3パターンしかありません。

①定義を隠す
②比較対象を隠す
③傾向を隠す

本書で紹介してきた例を振り返りながら、この3つを確認していきましょう。

まずは定義を隠すパターンです。たとえば「当社の製品は、顧客満足度がなんと90％！」といった表現で相手をだまそうとする人はその数字の定義を隠そうとします。超優良顧客（たとえば年間利用額の上位10人）にアンケートをとった結果なのか、一度でも利用経験のある顧客からランダムに10人を選びアンケートをとった結果なのか、それによってこの90%という数字の意味はまったく変わります。

次に比較対象を隠すパターン。何度か登場した例ですが、ある広告を見た人の中で80%が実際に購入しているというデータを使って、「やっぱり広告を出すことは有効だ」と主張する人物がいたとします。「2×2マトリクス」の考え方があれば、この数字だけではその主張が正しいとは言い切れないと指摘することができました。

ここで重要なのは、なぜこの人物は「2×2マトリクス」のように説明しないのかということです。もしかしたらその広告を見ていない人の購入率との比較は都合が悪いのかもしれません。このようなとき、人は比較対象を意図的に隠します。

もっとシンプルな例でいえば、ある短期的な時系列データだけ見せて物事を主張する人は、長期的な時系列データを見せると都合が悪いので隠している可能性があります。いずれの例も比較対象を隠していることに他なりません。

最後に傾向を隠すパターン。ある特定の店舗では顕著な傾向があるのに、全店舗のデータを示すことで傾向が見えなくなることなどがその典型です。あえて他の情報と一緒にすることで都合の悪い情報を紛れ込ませ、気づかれないようにしてしまう。これもまた隠す行為といっていいでしょう。これは、第2章で「サイズ」というキーワードを用いて、アパレルショップのデータ事例で説明しました。

このように、数字を使って相手をだまそうとする人がしていることの本質は「隠す」です。あなたがだまされないために必要なことは「隠し方」のパターンを知っておくこと。そしてもっと大切なのは、**何かを隠したい人の気持ちを想像することです。**

あなたをだますのは数字そのものではありません。その数字を扱う人間の心理です。

ここからは人間心理の視点で、だまされないためのヒントを説明していきます。

POINT

だますことは隠すこと。隠し方には大きく3パターンある

2 「その数字は誰がつくったか」という視点を持つ

何かを隠したい人の気持ちを想像する。それはすなわち、その人の欲求や恐怖を想像することです。先に私の小学生時代のエピソードを紹介しました。学校でテストの答案が返却されて、悪い点数のときは親に見せずにカバンや机の引き出しに隠したこともあった。私にそんな行動をさせたのは、ある欲求と恐怖です。

欲求：常にいい点数ばかりとる優等生だと親に思い込ませたい
恐怖：悪い点数を見て親に怒られる

これと同じように、数字にだまされないためには、その数字を提示した相手の欲求や恐怖を想像することが大切です。

たとえば第2章で就職率の話題を出したことを思い出してください。「ランキング」をテーマにし、定義が変わればランキングも自在に変えることができると説明しました。その際にご紹介したある大学について、私はこう説明しています。

> たとえば、私がかつて5年ほど非常勤講師として経営情報学部の数字力の講義を担当していたある大学があります。この大学の就職決定率は96・3％（2020年度卒業生）です。この数字の定義は、就職希望者数に対する就職決定者数の割合です。
>
> この大学は、入試の難易度が決して高いわけではありませんが、少人数制という特徴があり、学生を手厚くサポートする面倒見のよさがウリです。

ここで必要なのは、この96・3％という数字は誰がつくったのかという視点です。もちろんこの大学の関係者でしょう。では彼らの欲求や恐怖とはなんでしょうか。

欲求：少しでもいい大学であることをアピールしたい

恐怖：学生が入学してくれないこと

大学も経営をしなければなりません。少子化の現代では経営もさらに難しいものになっているはずであり、入学者の減少はどうしても避けたいことでしょう。また、大学側にとっては少人数制や面倒見の良さが就職にも好影響を及ぼしているとアピールしたいのも当然のことです。そんな彼らが自分の大学の魅力がもっとも伝わるような数字を選んで世の中に提示するのも当然といえます。

ところで、この96・3％という数字は「就職決定率」です。

一方、同じく第2章で紹介した「東洋経済オンライン」に掲載されたランキングでは「実就職率」という数字が使われています。それぞれ次のように定義されています。

就職決定率＝（就職決定者数）÷（就職希望者数）

実就職率＝（就職者数）÷〔卒業生（修了者）数－大学院進学者数〕

ここからは私の推測も含んでの話です。

就職決定率を計算する場合、就職する意思がない者（フリーターやアルバイトで生活する、なんらかの事情で就職活動ができないなど）を除外することができます。誤解を恐れずにいえば、数字を操作しやすい定義です。おそらくこの大学では実就職率よりも就職決定率のほうが高い数字になるため、対外的には就職決定率を使って説明しているのではないかと思います。

一方、なぜ「東洋経済オンライン」に掲載されたランキングでは「実就職率」が使われていたのかも想像してみます。

就職決定率は各大学が（やろうと思えば）独自の考え方でいくらでも数字を操作できる定義といえます。さらに、「東洋経済オンライン」は多くのビジネスパーソンが情報収集に利用する大手メディアです。そこで彼らの欲求や恐怖を想像してみましょう。

欲求：多くの読者に記事を読んでほしい
恐怖：読者からの信頼を損なうこと（掲載情報に疑問を持たれること）

彼らの気持ちを推測してみます。「東洋経済オンライン」は、ネット記事を読み慣れている意識の高い読者が多いことが想像できます。私のような意地悪な視点を持つ読者がいても不思議ではありません。仮に就職決定率を用いてランキングを作成したとき、「なぜこの定義でランキングにしたんだろう」「ちょっと信憑性に欠けるね」と思われる可能性だってあります。これは彼らにとって絶対に避けたいこと、つまり恐怖です。
ですから、すべての大学をフェアに比較できる「実就職率」という数字を使ったランキングを掲載したのではないでしょうか（あくまで推測ではありますが）。

新聞やネット記事を見ると実にさまざまなデータが資料として掲載されています。その数字を見たときは、「誰がつくった数字なのか」を確かめる習慣を持ってください。

一般論ですが、欲求や恐怖は人を動かす原動力としてきわめて大きなものです。お金が欲しいから頑張って働く。失業が怖いから今の会社に居続ける。欲求や恐怖が人の行動を決めています。

あなたに数字を見せる相手は間違いなく人間です。その人間が持つ欲求や恐怖が、あなたにその数字を見せる最大の理由になっているかもしれません。

最後に、誤解のないよう補足しておきます。ここで紹介したある大学は就職決定率を使って大学の魅力を訴えていますが、決してそれが悪いということではありません。大学も経営をしなければなりません。自分たちに有利な数字を選んで世の中にプレゼンテーションするのは当然であり、教育機関だけでなくあらゆる企業が当たり前のように行っていることです。数年間にわたり実際に学生を指導した者として、この大学は素晴らしい学び舎であることを改めてお伝えしておきます。

POINT

「その数字をつくった人」の欲求と恐怖を想像することで、定義を確かめる習慣が身につく

3 「その数字が誕生した瞬間」を想像する

その大学での私の実体験をひとつ紹介します。現在はわかりませんが、私が非常勤講師で登壇していた頃は、半期にわたる講義の最後に「学生による授業評価アンケート」を実施していました。大学の教育の品質向上を目的としたもので、文字通り学生にスコアで授業を評価してもらう制度でした。

アンケートは最終回の講義中に学生に書いてもらうのですが、実はとても面白いルールが存在しました。学生が記入する際、講師は教室の外に出ていなければならないのです。理由は「講師がその場にいると、学生が正直に評価をシートに書けないから」。

もちろん私は学生が書くアンケートの内容をその場でのぞき込むような品位のない行為はしませんが、それでもその理由には深く納得しました。

実はこのエピソードは、数字にだまされないために重要な視点を教えてくれます。**あなたが日頃から目にする数字には2種類あります。** ひとつは自然発生するもの。たとえば人口や会社の売上などで、これらは作為的につくることはできません。もうひとつは人間が意図的に発生させるもの。たとえばアンケートなど調査結果を集計するようなケースでは、やり方によっては作為的な数字をつくることができてしまいます。

たとえば、ある企業が人事部主催で入社1年目の社員に「会社に対する満足度」についてアンケートをとったとします。その満足度が100%だとしたら、あなたはこの数字を「すごい！」と評価するでしょうか。

私は、この数字だけでは評価できないと考えます。この数字が誕生した状況がわからないからです。あえて実際にはあり得ないと思われる極端な例も入れて、3つほどケースを考えてみます。

ケース1 入社して半年ほど経過した時点で、人事担当者との個人面談中に記名あり

での調査（担当者がすぐ目の前にいる）

ケース2 入社して1週間ほど経過した時点で、オンラインによる匿名での調査

ケース3 入社して10カ月ほど経過した時点で、オンラインによる匿名での調査

ケース1から考えてみましょう。入社して半年くらいで個人面談をすること自体はいいことだと思います。しかし、人事担当者が目の前にいる状況で入社1年目の社員が本音を正直に回答できるものでしょうか。私にはまるで「よい回答を書かせるためのアンケート」にしか思えません。

ケース2についてはどうでしょう。入社して1週間ほど経過した時点で会社に対する満足度を調査したところで、果たしてその数字に意味があるのでしょうか。入社して1週間ほどであれば、おそらくまだ研修期間中でしょう。むしろ「手厚く研修を提供してくれるいい会社」と全員が答えるのが当然のアンケートのような気がします。

では、ケース3はどうでしょうか。現場に配属されて少しばかり慣れてきた頃に匿名でリサーチができるのであれば、ある程度は「入社1年目の本音」が聞けるアンケート設計ではないかと思います。満足度100％という数字を高く評価してもいいでしょう。

さらに重要なのは、前項でお伝えした欲求と恐怖という視点です。人事部が作為的に「入社1年目の社員の会社への満足度100％」という情報をつくることがあるとしたら、彼らには必ず欲求と恐怖があります。想像してみると、たとえば次のものが考えられます。

欲求：来年以降の新卒採用でプロモーションに使える情報をつくりたい
恐怖：入社1年目の社員をうまく指導できていないことが会社の上層部に知れること

そう考えると、このアンケートを主催する人事部は（言い方は極端かもしれませんが）、何がなんでも高い数字になるようなアンケートにしたいと思うはずです。

だとするなら、ケース1やケース2のような設計でアンケートを実施しようと考えることも容易に想像がつきます。

このように、アンケートなどの結果として現れる数字はさまざまな人間心理の結果であるといえます。具体的には、アンケートを主催する側の心理とそれに回答する側の心理です。もし「数字を使って人をだまそう」とする人がいるとしたら、このような人間心理を巧みに利用して数字をつくっていくのでしょう。

ならばそれへの対応方法は、**その数字が誕生した瞬間を想像する**ことでアンケートの設計を確かめることしかありません。

いつ、どこで、どのように数字を取得していったのかを把握することは、あなたが数字にだまされる可能性を激減させるでしょう。ぜひ日頃から意識していただきたいものです。

余談ですが、第2章で同じデータから平均値がいくつも生まれる理由を解説した項目がありました。そこで私は次のような事例を紹介しています。

たとえばある企業が従業員に対して、職場の満足度について5段階（最高が5、最低が1）で評価してもらったとします。対象者は計8人。当然ですが、正直に評価することを前提とします。またこの調査において平均が3・5を下回る場合は「問題あり」と評価することが決まっているとします。

なぜこの中に「当然ですが、正直に評価することを前提とします」という一文があったのか、本項を読んだあなたであればご理解いただけるでしょう。「当然ですが」と書いてありますが、現実の世界においてこれは当然のことではないのです。

POINT

結論ありきで設計されているアンケートもある。「その数字が誕生した瞬間」を想像し確かめることが重要

4 「期待した結果」が出るまで続けられる実験

前項で述べたように、アンケートは「結論ありき」で設計されていることもあります。売りたい商品のプロモーションのための調査結果であれば、当然ながらその商品が魅力的だと伝わるような結果しか出ないアンケートになっているでしょう。

実はこのような「結論ありき」はアンケートだけではなく実験や検証といった文脈でもそのまま当てはまります。

ある研究者がいるとしましょう。専門は医学や薬学。実験と検証を繰り返すことで新たな治療法を発見したり、新薬を開発したりする重要な任務があります。さらに半年にひとつは新たな発見や提案を目的とした論文を書かなければなりません。

このような人物の欲求と恐怖はなんでしょうか。

欲求：新たな治療法を発見したり、新薬を開発したい
恐怖：論文に書くネタ（新たな発見や提案）が見つからない

この人物は常に「新たな発見」が求められる仕事をしているということです。そこで想像してみましょう。あなたがこの人物だとして、その「新たな発見」が思うように見つからず苦戦しているとしたら、いったいどうしますか。

もちろん私も想像してみました。そしてある答えが頭に浮かんでいます。それを本書で表現していいものか迷いましたが、決してこのようなことを推奨するわけではないという前提のもとにお伝えします。

「自分が欲しい結論（発見）を先に決め、その通りのデータが取得できそうな実験をし、その通りのデータが取得できるまでひたすら実験を繰り返す。期待する結果が出たらそのことだけを〝新たな発見〟として世の中に公表し、何度も繰り返した〝失敗〟はなかっ

たことにする」

もちろんこのような研究結果など存在しないと信じたいところです。しかしまったく有り得ないと断言することは私にもできません。

裏を返せば、このような可能性もあることを頭の片隅に入れておく必要があるということです。似たような事例が現実に起こっています。

２０２２年に某自動車メーカーがディーゼルエンジンの排出ガスなどのデータを改竄し、国土交通省に提出していたことが明らかになりました。評価試験中に浄化装置を交換するなど基準値をクリアするため悪質な不正を行っていたのです。

この企業が開いた記者会見で、社長は不正の背景を次のように語っています。

「数値目標の達成やスケジュールを厳守することへのプレッシャーなどへの対応が取られてこなかったことがある」

この事例はまさに数字にだまされる（数字でだます）ことによって起こった悲劇ですが、不正となる数字は間違いなく人間の心理によって生み出されたものです。その関係者がどんな欲求や恐怖を抱えているかを想像すると、次のように整理できるのではないでしょうか。

欲求：新たな技術や製品を開発したい
恐怖：数値目標やスケジュールが守れないことで自分たちの評価が下がる

先ほどのある研究者の例とまったく同じ構造であることがわかるでしょう。こうした事例から学ぶことがあるとするなら、次の2つです。

その数字を提示した人間はどんな欲求に支配され、どんな恐怖と戦っているのかを徹底的に想像すること。**そして心理だけを想像するのではなく、その心理はやがてどんな結果を生むのかまで想像すること。**

社長のコメントにあった「プレッシャーなどへの対応が取られてこなかったことがある」とは、そのことを指していると私は理解しました。

最後に、あなたがこのような実験や検証において悲劇に巻き込まれないよう、数字にだまされないためのポイントをお伝えしておきます。正直、現実にはなかなか難しいのですが、それでも「この調査結果をどれくらい信じられるか」「どこを疑うべきか」と自分で考えることは重要です。具体的には次の6つのポイントでの判断をおすすめします。

①調査手法や定義が明確に説明されているか
②「いい結果」ありきの調査になっていないか
③相手はその調査結果に対してどれほどのプレッシャーを背負っているか
④複数回の調査結果の平均値を採用しているか（偶然の結果に左右されない）
⑤利害関係のない人が「正しい」と評価しているか
⑥あなたが精通している内容か

調査手法や定義が明確に説明されていないものや、期待する結果ありきの調査だと疑われる場合はまったく信用することができません。

さらに、その相手が抱えている欲求や恐怖が大きければ大きいほど、提示された調査結果にはウソが混ざっている可能性も高いことに自覚的でいましょう。

調査や実験が「1回だけ」という場合も信憑性に欠けます。誠実であれば、「複数回の調査や実験結果の平均値」といった数字で説明するものだと思います。

その結果に対して利害関係のない人物が評価しているかも重要でしょう。

あなたがその内容について素人であるならば、少なくとも100%信じるという姿勢はあまり推奨しません。「話半分」という言葉がありますが、世の中にある専門的な研究結果や分析結果などに対する認識はそれくらいでちょうどいいと思います。

POINT

結論ありきで設計されている実験や検証もあるかもしれない。6つのポイントで「どれくらい信じるか」を判断しよう

5 人は「すごい数字」を信じたい本能がある

ここからは少し視点を変えましょう。「だます人の心理」から「だまされる人の心理」への転換です。だます側が人間なら、だまされる側も人間。数字云々より以前に、そもそも「だまされる人」には共通する特徴があるのではないでしょうか。

なお、私は心理学者ではないのですべての内容に科学的根拠を持ち合わせているわけではありません。個人の主観や想像も含まれますことをあらかじめご了承ください。

まずは、**「劇的なもの」を期待する気持ちが大きい人**です。

サッカーを例にして説明しましょう。ある試合で試合開始1分で一方が得点し、そのまま1対0で勝利したとします。一方、別の試合では試合終了1分前に一方が得点し、そのまま1対0で勝利したとします。

図3－1　同じ1点なのに価値が違う??

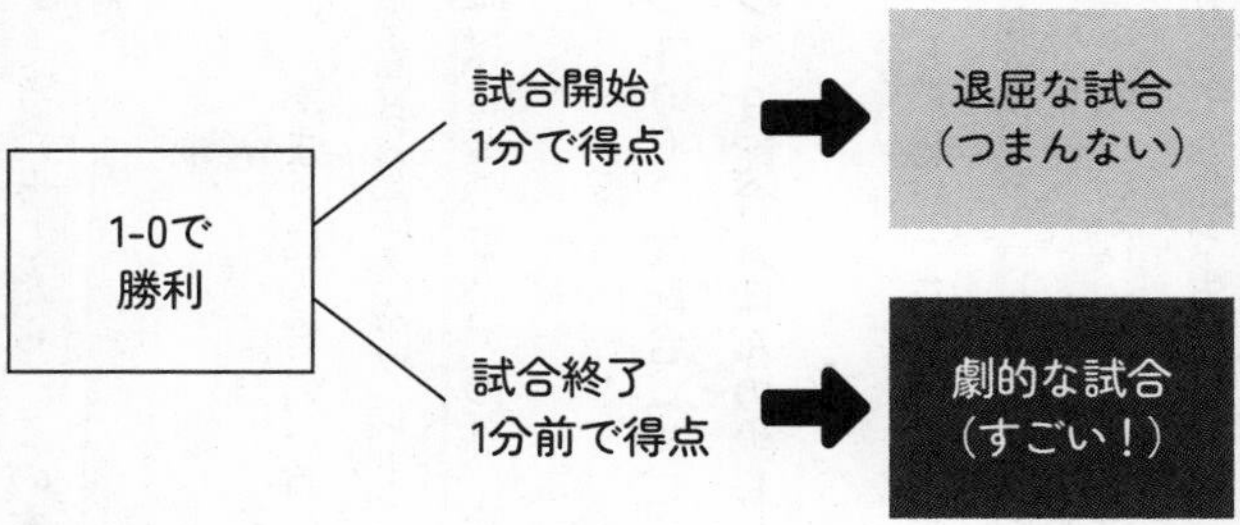

どちらの試合も1対0ですから1点の価値は同じであり、得点した選手は〝同じように〟ヒーローでしょう。しかし実際はどうでしょうか。

終了間際に決勝ゴールが決まった試合を人は「すごい！　劇的な試合！」と表現しますし、ゴールを決めた選手への賞賛もまったく違うように思います。

このように人間は劇的なものの存在を期待し、それを待っている生き物ではないでしょうか。**「すごい！」といえるものに出会いたいし、それを良いものだと認めたい**のです。これは理屈ではなく本能的なものでしょう。そうだとしたら、この本能が数字を読み解く上では厄介な存在になる可能性があります。

たとえば（あまりにも有名な事例ですが）、ある栄養補給ドリンクのプロモーションには品質の高さを伝えるフレーズとして、「タウリン1000mg配合」があります。1000mgは1gのことであり、次の2行はまったく同じ意味になります。

タウリン1000mg配合（すごく入っている！）
タウリン1g配合（ほんの少ししか入っていない？）

「タウリン1g配合」ではなく「タウリン1000mg配合」が選ばれる理由は、「1対0で退屈な試合」と「1対0だけど劇的な試合」の違いときわめて似ています。

なぜなら、私たちは「すごい！」と感じるほうを本能的に選んだり、ポジティブに受け止めたりしてしまう生き物だからです。

図3－2　ある予備校の東京大学合格率

	学生数	東京大学合格者数	合格率
2021年度	1,000	1	0.1%
2022年度	5,000	10	0.2%

この考え方に基づくと、私たちは「表現が劇的な数字」が目に飛び込んできたとき、その数字を過剰に良いと評価し、「すごい！」と思ってしまう可能性があるということになります。

具体例をひとつ挙げましょう。

ある受験予備校の２０２１年度の学生数と東京大学合格率が図３－２の通りだとします。

２０２２年度が前年よりも高い実績であることを表現したければ、考えられる表現は次のいずれかでしょう。

合格者数が10倍に増加！　（それはすごい！）
合格率が2倍！　（ちょっとすごい？）
合格者が9人増えた！　（それってすごいの？？）
合格率が0・1ポイント増加！　（ほとんど変わらないじゃん）

もちろん予備校側は「合格者数が10倍に増加！」というメッセージを使うでしょう。

人は「すごい！」といえるものに出会いたいし、出会ったらそれを特別視することでいいものだと信じたいからです。

10倍という劇的な数字を見聞きしただけで「この予備校はすごい！」と思い込む人がいるとしたら、そのような心理的な罠にハマっている可能性があります。

大切なのは、あなたにもそんな本能があることに自覚的になることです。

「劇的なサッカーの試合を期待するような気持ち」はあなたにも必ずあります。

劇的な数字を目にしたときこそ、短絡的に興奮状態になってしまうのではなく、冷静にその数字の意味を確かめるようにしたいものです。

POINT

「すごい!」といいたくなる数字は要注意。無意識にその数字を信じたいと思う自分がいるかもしれない

6 人は無意識に「単純な比較」を求めている

だまされやすい人の特徴。次のキーワードは**「単純な比較」**です。

第2章でもお伝えしたように、人間には単純化された「わかりやすい法則」に飛びつきたくなる欲求があるように思います。たとえばある人が次の主張をしたとします。

「日本人に比べて中国人は大雑把な人が多い」

もちろん私自身がそのように思っているわけではありませんし、ツッコミどころが満載の主張です。本書をここまで読んでくださったあなたなら、「そうとは限らない」と疑うことができるでしょう。

日本人と中国人をどのように比較したのか、そもそも大雑把とは具体的にどういうことなのか、これらを明確にしないことには信じるに値しない内容といえます。

一方で、本書を読んでいない多くの人たちの中には、この1行をそのまま鵜呑みにしてしまう人も少なからずいるはずです。おそらくその人たちも心のどこかでは「そうとは言い切れないのでは？」と疑う気持ちはあるはずです。

それでもこの主張を信じてしまう理由は2つあります。

・そのような〝説〟をこれまでどこかで聞いたことがあるから
・その主張が正しいほうが好都合だから

2つ目の理由について補足します。このようなきわめて「単純な比較」は話としてわかりやすく、かつ話題やニュースにしやすいものです。「日本人に比べて中国人は大雑把な人が多い」という話題は正否はさておき、話のネタとして便利といえます。

あなたがなんらかの理由で日本人の国民性などを論じなければならないとしましょう。具体的には、日本人がこまやかな気配りができる真面目な人種であると主張したいとするなら、先ほどの中国人との単純な比較によるネタはとても便利だと思うのではないでしょうか。「単純な比較」による主張を信じたくなる気持ちは誰しもあるのです。

実はこのような「単純な比較」を好む人ほど、数字にだまされる可能性が高いと私は考えています。具体例を挙げましょう。

ある模擬試験において数学のテスト（100点満点）の最高点は95点で男性、最低点は10点で女性だったとします。この結果を踏まえ、ある人がこう主張しました。

「やっぱり数学は女性より男性のほうが得意な教科だ」

そのような〝説〟をこれまでどこかで聞いたことがある人であれば、この主張を信じてしまうかもしれません。あるいはこのようなわかりやすい結論は話のネタにしやすいですから、何らかの理由で「もっと数学が得意な女性が増えるように教育をすべきだ！」と主張したい人であれば、こうした単純な比較によるネタはとても便利でしょう。

図3－3 ある模擬試験の数学のテスト結果

男性	95
男性	25
男性	15
女性	75
女性	65
女性	10

男性

平均値 45　中央値 25　最大値 95　最小値 15

女性

平均値 50　中央値 65　最大値 75　最小値 10

単位：点

しかし本書をここまで読んでくださったあなたなら、「そうとは限らないのでは？」と疑う発想を持ってくださるはずです。たとえば次のような可能性も考えられます。

模擬試験の受験生が男女それぞれ3名ずつだとし、それぞれの得点が図3－3の通りだとします。

確かに全体の中で最高点は男性（95点）であり最低点は女性（10点）ですが、平均値と中央値は共に女性のほうが高くなります。これだけで数学は女性より男性のほうが得意と結論づけるのはあまりに早計であり、逆の評価をする方がいてもおかしくありません。

もうひとつ、典型的な例を挙げましょう。

ある調査で、若者の15%、高齢者の5%がうつ病の経験者との結果が出ました。この結果から調査会社は次のように主張したとします。

「だから若者のほうが繊細で打たれ弱い」

あなたはこの主張を信じることができるでしょうか。

私であればこの単純な比較に罠の存在を感じ取ります。若者と高齢者という二者の比較で論じるような単純な話なのか、そもそも若者と高齢者の境界線は何歳なのか、この調査の裏には何らかの利害関係があり、「若者のほうが繊細で打たれ弱い」ことを世の中に広めることでビジネスをしたいのだろうか、などと疑います。

このような単純な比較による罠に引っかからないためのポイントは「世の中はそんな

に単純じゃない」という戒めです。

あなたの心の中にも単純化したい気持ちが必ず潜んでいます。そんな本能があることに自覚的になること。いろいろな可能性を想像し、可能であれば事実をデータで確かめること。それだけであなたは罠に引っかからずに済むはずです。

「男・女」「仕事ができる人・仕事ができない人」「勝ち組・負け組」など、定義や境界線が曖昧な比較を用いて発せられたメッセージはたくさんあります。あなたがそのメッセージを発する立場になることもあるかもしれません。

相手をだます（だましていると誤解される）ことのないようくれぐれも気をつけたいものです。

POINT

「単純な比較」はとても危険。
「世の中はそんなに単純じゃない」と思っておくくらいでちょうどいい

7 「感情vs.論理」ではなく「感情with論理」

この章でお伝えしてきたことは、すべて「想像する」ことの重要性に帰結します。だます人の心理を想像する。だまされる人の心理を想像する。きわめて人間的な行為です。

数字の向こうには、必ず人がいます。示された数字にだまされず正しい情報を読み解くことができる人は、計算が早いわけではなく、知識が豊富なわけでもありません。**人の存在とその心理を想像する力が豊か**なのです。あなたには日頃からそれらを想像するトレーニングを習慣にしてほしいと思っています。

その数字は誰がつくったのだろう？

その人の欲求や恐怖はなんだろう？

その数字を見せる目的はなんだろう?
この数字を信じることで得をする人間は誰だろう?
この数字を信じることで損をする人間は誰だろう?
自分はその数字をどう解釈したがっているのだろう?
無意識に単純でわかりやすい結論を求めていないだろうか?

少しばかりハードルが高く感じる方は、これを推理ゲームのようなものと思ってはどうでしょうか。

昨今、テレビの連続ドラマでは「考察系のコンテンツ」が人気と聞きます。誰が犯人かわからないミステリー型のドラマで、さまざまな伏線が回を追うごとに物語の中で回収されていくスタイルです。視聴者はインターネット上で「誰が犯人か」の議論で盛り上がり、独自の推理を発信する熱狂的なファンも生まれるようです。

この事象は視聴者が目で得た情報から物事を想像することを楽しんでいる一例ですが、彼らが頭の中でしている想像は次のようなものでしょう。本職の刑事みたいですね。

誰が犯人だろう？
犯人の欲求や恐怖はなんだろう？
犯人の動機はなんだろう？
この事件で得をする人間は誰だろう？
この事件で損をする人間は誰だろう？
自分は「〇〇が犯人であってほしい（あるべきだ）」と思っていないだろうか？
無意識に単純でわかりやすい犯人像を求めていないだろうか？

ドラマの中で展開される伏線に対してその意味を想像する行為と、ある数字を見たときにその意味を想像する行為はとても似ているということです。

私もこのようなコンテンツは大好きで、興味を持って観ています。かつて少年時代は推理小説を読み漁り、犯人は誰かを想像しながら読書をしたものです。

そのような意味で、表面的な情報からその真意を想像する思考を習慣にするためには、「考察系のコンテンツ」に触れることはこれ以上ないトレーニング法かもしれません。楽しめる方は積極的に取り入れてみてはいかがでしょうか。

最後に第3章をまとめます。この章では人間の心理をテーマに、あなたが数字にだまされないためのヒントをお伝えしてきました。

一般的に人の心とは感情のことであり、一方で数字は論理という文脈で語られることが多いです。実際、私自身もこれまで何度も「感情vs.論理」といった枠組みで物事が語られる様を見聞きしました。しかし本当は「感情with論理」なのではないでしょうか。この2つは遠いようで実は近い存在であり、常にセットで考えるべきものなのです。

POINT

数字の向こうには必ず人がいる。
ぜひ普段から「人の存在と心理を想像するトレーニング」を

第4章

「数字」を扱う
すべての人へ

1 歴史
なぜ人類には「数字」が必要だったのか

ここまでお読みくださりありがとうございます。

第3章までの内容が、私があなたにお伝えしたいことの9割です。本章は映画でいえばエンドロール、小説でいえばエピローグのようなものとお考えください。

本書のテーマである数字は、私たちの日常に当たり前のように存在しています。さらに私は数字をテーマに今も人材育成の仕事をしています。その内容はたとえばビジネスパーソンが活用する数値分析の手法であったり、本書でご紹介した数字とのうまいつき合い方であったりします。

もちろんそれらはとても重要なことですが、一方で私が少しだけ感じるのは、**そもそも数字とは何なのか**を考えさせる機会がきわめて少ないこと。

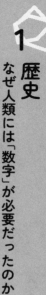

もっといえば、**そもそも数とは何なのか**を語る機会がほぼないことへの悲しさです。

人類はこれからも数字の存在による恩恵を受け、発展していきます。ならばやはり数字とは何なのか、そもそも数とは何なのか、といったことにも関心を寄せてほしいと思うのです。

数字について、すべての人に知っておいてほしいことがあります。旅のゴールはもう目の前。ぜひ最後までおつき合いいただければうれしいです。

まずは数字の歴史について少しだけお話をしましょう。

人類の社会に文字が誕生したのは紀元前3300年頃。その頃に数字も誕生したようです。数字とは数を数えた結果を記録するものでした。現代に生きる私たちの周囲にも当然のように数字が存在します。そこであなたに質問です。

そもそも人類はなぜ数える必要があったのでしょうか？

なぜ数が必要だったのでしょうか?

もしも数というものが存在していなかったら、当然ですが数字も存在していません。現代に生きる私たちの生活やビジネスはどのようになっていたでしょう。なぜ数が必要だったか、想像することがきわめて難しいですが、それでも想像してみるとある答えが見えてきます。

それは、**「はっきり区別する（見分ける）ことが必要だったから」**です。

私たちは2個のミカンと2個のリンゴを（ミカンとリンゴそれぞれの特徴を除けば）、一瞬で同じであると認識できます。「個数」という見分け方があるためです。一方、22個のミカンと23個のリンゴをパッと見ただけで同じか違うかを認識するのは難しいでしょう。

しかし、実際は違うという明確な答えがあります。

別の例を挙げましょう。

図4−1 ミカンとリンゴを区別する

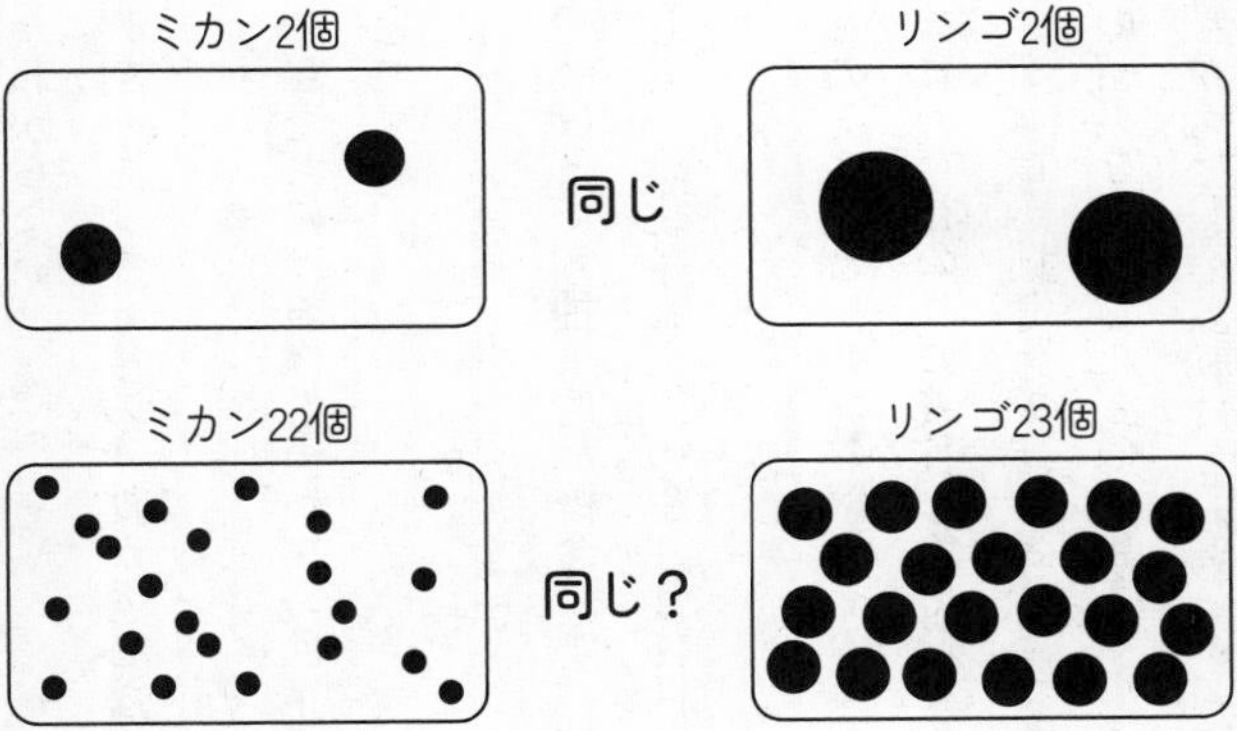

わが国では成年年齢が20歳から18歳に変わりました。これによって2022年4月1日時点で年齢が18歳、19歳の方はこの2022年4月1日に新成人となったわけです。これも、私たちが18と19と20がはっきり違うものだと共通認識できるから成立することです。

このように、同じなのか違うのかをはっきりさせることができないのはとても不便なことです。

私とあなたの年齢が同じなのか違うのかわからない。

会社の売上高が昨年と今年で同じなのか

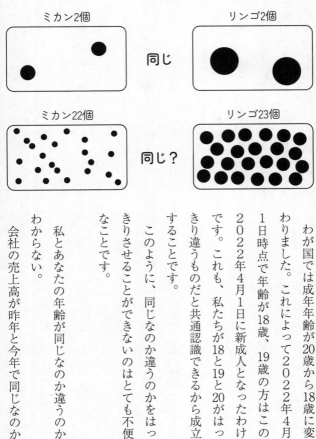

違うのかわからない。

今の時刻とちょっと後の時刻が同じなのか違うのかもわからない。

もはや私たちには想像もつかない世界ですが、ひとつだけ確かなことは不便であるということです。


また、数はとても抽象的な概念です。抽象的とは具体的の逆であり、共通した要素を抜き出して一般化されたものや、具体性に欠けていて実態が明確ではない様のことを指します。

先ほどのミカンとリンゴの例がその典型でしょう。

それぞれの存在のみに着目し色や形などの個性は一切排除したとき、2個のミカンと2個のリンゴは「同じ」であると認識できます。数えるという行為があってこその認識で、その結果を記録したものが数字です。

今の私たちにしてみればきわめて当たり前のことですが、数字の概念がまったくなかった時代には大発見だったといえるでしょう。

数という抽象的なものを使い生きるひとりの人間として、数を積極的に扱うことを推奨するひとりの教育者として、その功績に深く感謝したい。そう思います。

世の中に存在するものには必ず誕生の理由や歴史があります。

私たちが日常生活で当たり前のように使っている数字にも誕生の理由や歴史があり、それは数字というものが今でも使われ続けている理由を教えてくれます。

「はっきり区別する（見分ける）ことが必要だったから」

これがいかに本質的か、後ほどまた言及します。

POINT

数えた結果を表現できる時代に生まれたことに感謝しよう

2 「数字」とは最強かつ最恐のコトバ

私は「伝えること」を仕事にしていますが、プロフェッショナルであり続けるために次のことを大切にしています。

メリットといった良い面をお伝えすることも大切ですが、それよりもデメリットやリスクなど悪い面をしっかりお伝えすることはもっと大切。

たとえば住宅や保険や車など高額の買い物や契約をするとき、営業担当者がメリットばかりを説明してきたら、私はその人物を（その商品を）信用しません。

一般論として、物事には必ず表と裏があり、メリットがあればデメリットも必ずあります。デメリットもしっかり説明した上でどうつき合えばいいかについて納得できる説明をしてくれる人物を信用したいと思うからです。

私は幼い頃から数字が大好きで、その気持ちを率直に表現するなら「愛している」となります。だからといって、数字の魅力や有用性だけを伝えては、逆に本書の読者の皆さんの信用を失うことになると考えます。数字にも良い面と悪い面があることをしっかり言語化し、本書を締めくくりましょう。

まずは良い面からお伝えします。

数字はコトバです。実際、私たちは日常生活の中で、当たり前に数字を使っています。「おはよう」や「ムカつく」と同じように使う、ごく普通のコトバです。そんな数字というコトバの特徴は2つあります。

①常にそれに囲まれて生きていく
②世界中どこででも伝わる

ＩＴの普及やＤＸ（デジタル・トランスフォーメーション）の推進などにより、現代はさまざまなものが記録できるようになりました。それはすなわち、「数えられるもの」がますます増えていくことにほかなりません。

このトレンドはこの先も変わることはないでしょう。私たちはこれからますます数字というコトバに囲まれて生きていくことになります。

そして数字はもっとも客観的なコトバです。「１００」は世界のどこに行っても同じものと認識されます。年齢という情報は世界のどこに行っても正確に伝わります。この客観性が、日常生活はもちろんビジネスにおいて強力なツールになります。

つまり数字とはあなたの人生においてもっとも身近で、かつ強力な武器になるコトバなのです。

一方で数字はとても危うい、最恐のコトバでもあります。使い方によっては人を傷つけたり、不幸を招いたり、あるいは自分自身の信頼を失ったりもします。

その典型が、本書のテーマである「数字にだまされる」です。私たちにとって「気をつけるべきこと」をたくさんもたらす厄介な存在ともいえるでしょう。困ったものです。他にも数字を扱うことのデメリットがあります。具体的には次の3つです。

・思考停止する
・帳尻合わせをする
・分断を強いる

どんなことにもいえますが、デメリットを正しく知ることが「うまくつき合う」ための最短距離ではないでしょうか。数字を扱うことの3つのデメリット。次項から説明していきます。

POINT

これからも数字とうまくつき合っていくために、デメリットを正しく知っておく

3 麻薬
「数字」は思考停止を生む

デメリットのひとつ目は、人間を思考停止にさせるということです。

あなたは「思考停止」という言葉にどんな印象を持ちますか。改善できない。生産できない。判断できない。すべてのことが「できない」に直結するイメージを持つ方が多いのではないでしょうか。私もそうです。

数字がなぜ人間の思考停止を生むのか?

学生時代の算数や数学の授業を思い出してください。計算問題や方程式の解を導くような場面であなたは間違いなく「考える」という行為をしていたはずです。数字を扱う時間、ここで思考停止は起こっていませんでした。

しかし不思議なことに、大人になってから数字を扱う場面になると私たちは「考える」

から逃げてしまうことがあります。どういうことか説明しましょう。

実は私たちは無意識に「数字はすべてを表現している」と思い込んでいます。

ある受験生が偏差値60から偏差値50に下がったという事実があったとしましょう。

この数字は、「この受験生の学力が下がった」と短絡的に結論づける力を持っています。マイナス10という数字がこの受験生のすべてを表現していると結論づけるのがもっとも簡単だからです。

しかし本当にそうなのでしょうか。ここで少しでも「考える」ことができれば、偏差値が10も下がったという事実のさまざまな可能性を想像することができます。

もし家族の誰かに何らかのトラブルが発生しているとしたら、勉強に集中できないとしても無理はありません。この受験生の学力が低下したという結論は真実とは言い切れないのではないでしょうか。このような例は私たちの日常にいくらでもあります。

残業時間が極端に少ない→生産性の高い優秀な社員

年収が高い→裕福な生活を送っている

会社の利益率が上がった→稼げる組織になった

これらはすべて、そうとは言い切れないものばかりです。

たとえば、利益率が上がった会社は稼げる組織になったといえるでしょうか。不採算事業を撤退させ会社全体として利益率が上がっただけなら、そうとはいえないでしょう。

数字はすべてを表しているわけではありません。

数字だけではわからないことはたくさんあるのです。

これは会社の決算なども同じです。数字は紛れもなく事実ですが、それがすべてではありません。優秀な経営者やコンサルタントはこれをよく知っていますから、数字はきっちり追いつつ、必ず自分の目で現場を確かめようとします。彼らは例外なく「数字は大事だ」といいますが、数字だけが大事といっているわけではなく、数字をとっかかりにして考えることが大事だといっているのです。

整理すると、このようになります。

× **数字を見て思考が止まる**
○ **数字を見て思考が始まる**

考えないか考えるか。それは、数字にだまされる・だまされないはもちろん、仕事で成果が出ない・出るにも直結することです。当然、私たちは後者であるべきでしょう。

数字はあなたを「思考停止」にさせ、改善できない、生産できない、判断できない人間に変える恐ろしい麻薬です。そこで止まるのか、そこから始めるのか。甘い誘惑に負けず、緊張感を持って、数字という最強の（最恐の）コトバを扱いたいものです。

POINT
「数字」は人を思考停止にさせる麻薬。あくまで思考を始めるツールにしよう

4 悪魔の囁き
「数字」は帳尻合わせを生む

数字とは恐ろしいものです。仕事の目標数値がいい例です。**ある目標値を設定した途端、その数字は人間に「悪魔の囁き」をする**のです。

かつて私が会社員だった頃、同僚がこんなことをいっていました。

「今年ウチの部門の業績が好調で、このペースでいくと昨年と比べて50％増の数字になりそうだ。そうなると、来年の目標設定をかなり高くしなきゃいけなくなる。来年の仕事がキツくなるのはイヤだから、今年の後半はあえて手を抜いて程よい数字で、たとえば昨年に比べて20％増くらいで着地するように調整したい」

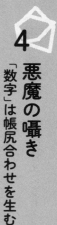

思惑はよくわかります。おそらく共感する方もたくさんいるのではないでしょうか。

しかし私は心の中でモヤモヤしたものを感じずにいられませんでした。

この同僚の目標値や実績がどうかは問題ではありません。**その考え方が、自らの成長にブレーキをかけていることに気づかないことが問題**なのです。

あえて自ら成長スピードを減速するようなことをしてしまうのは、間違いなく数字という存在が（悪い意味で）影響を及ぼしているからです。

これと似た構造になっている出来事が、企業の粉飾決算です。

数字を操作することで真実とは異なる内容をつくり、それを正しいものとして発表する行為。達成していないものを達成した、あるいは減ったものを増えたと伝えるわけですから、もちろん許されるものではありません。

こういったエピソードに共通するのが、**欲求や恐怖に負けて帳尻合わせをしてしまう**人間の悲しい性です。

来年も目標達成したという事実を残したい欲求は、裏を返せば目標未達成という結果に対する恐怖です。粉飾決算も経営者なら誰しも持つ欲求や恐怖が理由であることは言うまでもありません。

この問題に対する解決策は……残念ながら「ない」というのが私の答えです。数字という最恐のコトバが発する「悪魔の囁き」に負けない強い意志を持つこと。単なる精神論になってしまいますが、それ以外にはないと思います。

ただひとついえることがあるなら、その**「悪魔の囁き」に負けてしまった結果は、いつか必ず自分に返ってくる**ということでしょうか。

先ほどの私の同僚のエピソードでいえば、自らの成長やチャレンジよりも「程よい数字」での着地を優先する選択は、短期的にはメリットがあるかもしれません。

しかし、長期的にはどうでしょう。味を占めて以降も同じような仕事の仕方をしていると、数年の〝サボり〟は必ず後でツケになって返ってくるはずです。
粉飾決算も同じです。

人間はウソをつきますが、数字そのものは正直です。

そしてさまざまな数字は独立しているようで、実はすべてつながっています。どこか一部だけ操作しても、いずれ専門家がしっかり見ればすぐに不正が判明してしまうでしょう。そんな企業に成長も発展もありません。

ひとつだけ確かなことは、人にしろ企業にしろ、数字が発する「悪魔の囁き」に負けないでいることが、長期的には成長につながるということです。

POINT

数字が発する「悪魔の囁き」に負けないこと。その報酬は「成長」

5 分断
「数字」は線を引く残酷さがある

数字はきわめて「はっきり」したコトバです。人が数字を使うとき、それは無意識に分断を期待しているときでもあります。どういうことか説明しましょう。

私は本章で、「そもそも人類はなぜ数える必要があったのか」という問いに、次の答えを示しました。

「はっきり区別する（見分ける）ことが必要だったから」

ここに「分」という文字が使われています。そして先ほど私が使った「分断」にも同じ文字が使われます。どうやら数字には「分」という機能がありそうです。

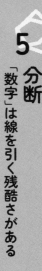

たとえば、オリンピックのマラソン代表選手の選考。

日本陸上競技連盟の定義する選考基準では、対象となる大会と条件となる順位、ある

いは突破しなければならない最低条件としてのタイムが明確に示されます。これは数字を使うことで五輪に出場できる人とできない人をはっきり分断するルールです。

受験や就職活動なども同じ構造といえます。

何らかの数字を使い、勝者と敗者の間に線を引き、その二者を明確に分けることに他なりません。数字はとても残酷な一面を持っているのです。

数字と分断について、少し違う視点からも考えてみましょう。

「ブランド力」をどのように測るかを考えるとします。売上や従業員数であれば簡単に数えることができますが、ブランド力のような概念を数える（測る）ことは容易ではありません。しかしそれでも数えることを考えるとするなら、どのような数字の大小でブランド力を表現するのか定義せざるを得ません。

単純に売上が高ければブランド力が高いとするのか。SNSのフォロワー数が多いことをブランド力の証明とするのか。長期にわたるリピーターの数をブランド力の結果とするのか。

仮にこの3つすべての総合評価で決まるものと定義するなら、いずれも数字ですからブランド力も数字で表現できるという理屈はつくれます。

一方、これは同時に、「売上」「SNSのフォロワー数」「リピーター数」以外のものはブランド力には関係ないとはっきりさせることも意味します。「創業秘話」「経営者のビジョン」「製品開発スタッフのこだわり」などはブランド力には一切関係なくなってしまいます。ブランド力を測ろうとすることは、ブランド力に関係あるものと関係ないものをはっきり分断することになるのです。

どんなブランドにも誕生秘話はあり、経営トップの考え方が大いに反映され、現場のスタッフのきめ細かい仕事がそのブランドを支えているはずです。これらがブランド力に関係ないという結論はあまりに乱暴で残酷です。それでもブランド力を測る必要があるのであれば、数多くの貴いものを切り捨てなければなりません。

このように、数字は分断を強いるコトバです。

世の中はなんでも白と黒にはっきり分けられるものではなく、実はグレーがいちばん多いのではないでしょうか。そんな世界で白と黒にはっきり分けてしまうことは残酷であり、また危険でもあります。

もちろん、何かをはっきりさせる必要があるときに数字がきわめて強力なツールになることも事実です。

デメリットもあるけれどメリットも大きい。
敵にもなれば味方にもなる。
毒にもなれば薬にもなる。

数字というきわめて特殊なコトバを、あなたはこの先どう使いこなしますか。

POINT

数字は残酷さを持つコトバだが、はっきり区別しなければならないときには最強のコトバになる

6 私たちは「数字」とどうつき合うべきか

ここまで、3つのデメリットを紹介しました。

繰り返しになりますが、物事には必ず表と裏、メリットとデメリットがあります。そして、デメリットを正しく知ることが「うまくつき合う」ための最短距離です。

思考停止するというデメリットがあることをわかっていれば、ある数字を見たときに「ここで思考を止めるか始めるかが分かれ道だな」と自覚することができます。

帳尻合わせをしたくなるデメリットがあることをわかっていれば、「そちらを選ぶことは長期的には自分の首を絞めることになるよな」と自覚することができます。

白と黒にはっきり分断してしまうデメリットがあることをわかっていれば、その分断する線（＝数字）をどこに引くかにとても慎重になることができます。

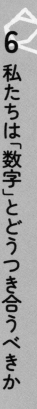

デメリットが大きいから逃げるか、メリットが大きいからうまく使うか。あなたはどちらを選択するでしょう。

ここからは私の問題ではなく、あなたの問題ということになります。

これから自分がどのように数字とつき合っていくか、ぜひ考えてみてください。

最後にひとつ、私の持論をお話しします。

とても抽象的かつ根拠のない精神論に感じるかもしれません。受け止め方は人それぞれでいいと思いますが、どなたかひとりでも参考になるのであればうれしいです。

未来を見据えて前進している人であれば、ぜひ数字を積極的に活用してください。

正確にいうなら、**未来を見据えて前進しているのであれば自動的に数字があなたの味方になってくれる**でしょう。どういうことか説明します。

思考停止とはまさにその場で止まることです。そこから前に進む意思のある人なら、数字をとっかかりにして思考を（まさに自動的に）スタートすることができますし、それがあなたによい結果をもたらすでしょう。

帳尻合わせとは「今」のことしか考えられない人のする行為です。未来を見据えて前進する意思のある人ならば、自然に長期的な視点を持てるはずです。**今は苦しくても、いずれ必ずあなたに成長という果実をもたらします。**

誰しもいつかは腹をくくり、物事を白黒はっきりさせ、勝負しなければならない場面があるはずです。そこから逃げることは「前」ではなく「後ろ」を見ていることに他なりません。そのような人には、数字はデメリットでしかありません。

しかし前進しようとする人には、数字はこれ以上ない最強のツールです。捨てるものと残すものの境界線を引き、捨てるものは心を鬼にして切り捨て、その答えを信じて行動することができます。

はっきりさせる覚悟が備わった人は強い。私はそう思います。

前を向いている人には、メリットしかありません。
後ろを向いている人には、デメリットしかありません。

あなたは今、どちらを向いていますか。

POINT

数字がメリットとデメリットのどちらをもたらすかは、自分が今向いている方向で決まる

7 この世界に「信用」より大切なものはない

最後までお読みくださり、ありがとうございました。「数字にだまされない」をテーマに、あなたがこれからどのように数字とつき合っていくかを考える旅をご案内いたしました。

本書の「はじめに」で、私は次のメッセージを伝えました。

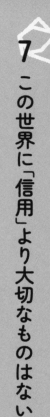

本書のゴールは「数字にだまされない人」になるのではなく、最終的には「数字でだまさない人」「数字を使ってごまかさない人」になることです。

あなたに詐欺を持ちかけてきた人がいたとします。あなたは鋭い洞察力でその人物のウソを見抜き、だまされずに済みました。そのとき、あなたは「うれしい」や「ワクワク」といった感情になるでしょうか。ならないはずです。むしろ詐欺を持ちかけてきた相手に強い不信感を持つでしょう。**だます人、ごまかす人は信用を失うのです。**

あなたは本書で、数字にだまされないためのヒントを得ました。それは同時に、数字を使って相手をだます、ごまかすためのコツも知ったことになります。しかし、だます、ごまかすコツを実生活で使うことを私は決して推奨しません。

「この人は自分をだまそうとしている、ごまかそうとしている」と相手に思われることは確実にあなたの信用を下げます。特にビジネスパーソンにとって、それはきわめて大きなダメージとなるでしょう。**この世界に、信用より大切なものはありません。**

ぜひあなたには本書を通じて得たものを誠実に活用し、「だまそうとしているのでは」「ごまかそうとしているな」と思われないような数字の見せ方、伝え方をしてほしいと願います。

数字はあなたの信用を上げることもあれば、簡単に下げることもできます。やはり最強かつ最恐のコトバですね。

私たちはこの先も数字に囲まれて生きます。

いくらでも簡単にウソをつける世の中で、いかにウソをつかずに前進するか。難しいことではありますが、そこにチャレンジし続ける人間でいたいと私自身は思っています。

また別の旅でご一緒できればうれしいです。

ありがとうございました。

POINT

「だまされない」ではなく「だまさない」

おわりに

人生の中で、さまざまなものとの「つき合い方」を考えることはとても重要です。

お金とのつき合い方。
ストレスとのつき合い方。
人間とのつき合い方。

これらはすべて、自分の人生を考えることとほぼ同義です。本書は数字とのつき合い方を考えるものでしたが、これもまた人生を考えることと同様に重要なことだと私は思っています。

あなたは何らかの答えを出すことができたでしょうか。

最後に。

いつからか、読書は「旅」ではないかと思うようになりました。

いい旅をすると、人は変わります。

いつもと違う世界に少しだけ足を踏み入れ、見たことのない景色を眺め、自分とは違った感性に触れることができます。その中のいくつかは半年後も記憶に残るものになり、その中にはさらに10年後も身体の一部になって残っているものがあるかもしれません。

そういう意味で、旅は新しい何かを身体に取り込む作業なのだと思います。

私が「はじめに」で「旅」という言葉を使ったのはこうした理由によるものです。

この読書があなたにとって新しい何かが身体に入る体験であったなら、これほどうれしいことはありません。

一緒に旅をしたあなたの人生が、素晴らしいものになることを願っています。

深沢真太郎

本書は書き下ろしです。

日経ビジネス人文庫

数字《すうじ》にだまされない本《ほん》

2022年10月3日　第1刷発行

著者
深沢真太郎
ふかさわ・しんたろう

発行者
國分正哉

発行
株式会社日経BP
日本経済新聞出版

発売
株式会社日経BPマーケティング
〒105-8308 東京都港区虎ノ門4-3-12

ブックデザイン
鈴木大輔・江﨑輝海（ソウルデザイン）

本文DTP
ホリウチミホ（nixinc）

印刷・製本
中央精版印刷

Printed in Japan　ISBN978-4-296-11536-5